UMA
JAMIE OLIVER

Fotos culinárias DAVID LOFTUS e RICHARD CLATWORTHY

Retratos PAUL STUART

Projeto gráfico JAMES VERITY

Dedico este livro à tampa da minha panela. Se algum livro que escrevi é perfeito para você, é este. Com receitas simples e deliciosas que deixam pouquíssima louça para lavar. E um monte de doces no fim para saciar sua vontade.

Obrigado por ser uma esposa e uma mãe incrível
e uma inspiração para nossa família.

SUMÁRIO

INTRODUÇÃO 6

UTENSÍLIOS 9

MASSAS DE FRIGIDEIRA 10

DELÍCIAS VEGETARIANAS 42

ODE AO FRANGO 78

A ALEGRIA DOS OVOS 112

HAMBÚRGUERES E SANDUÍCHES 134

PEIXES E FRUTOS DO MAR FABULOSOS 154

VALORIZANDO A CARNE 194

COZINHANDO EM GRANDES QUANTIDADES 236

BOLOS E SOBREMESAS 258

O BÊ-A-BÁ DOS INGREDIENTES 292

NOTA DA EQUIPE DE NUTRIÇÃO DO JAMIE 294

ÍNDICE REMISSIVO 298

UM amor só

Com os olhos brilhando, quero deixar claro que este livro é totalmente dedicado à arte de sujar pouca louça — cada receita é feita em uma única panela ou em uma única assadeira. Cozinhar representa muitas coisas para muitas pessoas e é uma atividade maravilhosa, mas com as pressões do dia a dia, praticidade é fundamental.

Este livro é minha homenagem a uma vida mais simples e mais conveniente quando se trata de botar comida de qualidade na mesa sem comprometer o sabor. A ideia é ajudar você a planejar as compras da semana e cozinhar pratos absolutamente deliciosos, de arrasar mesmo, sem estresse e independente da época do ano ou do dia da semana. Ou seja: facilitar a sua vida.

Procurei focar em pratos que costumam fazer sucesso, em ingredientes populares e sistemas e princípios da culinária — e como juntar tudo em uma panela só. Preciso dizer que estou radiante com o resultado. Apresento aqui novos estilos de comida — como o capítulo das massas de frigideira — que estiveram diante do meu nariz esses anos todos sem que eu me desse conta de todo o seu potencial. É transformador. E, claro, incluo soluções e receitas rápidas que, tendo picado algumas coisinhas, você poderá deixar o resto do trabalho com o forno ou o fogão.

Enquanto desenvolvo, testo e escrevo receitas, procuro manter o foco no sabor, e, no caso de livros como este, na simplicidade, mas também gosto de sentir que estou fazendo tudo o que posso por você. Por isso, a maioria destas receitas custa bem pouco, e a maior parte dos ingredientes pode ser encontrada em um supermercado comum. Em termos de saúde, 70% das receitas são cotidianas, ou seja, você pode consumi-las sem culpa em qualquer dia da semana. E, quando se trata de questões mais amplas envolvendo comida, quero ajudar as pessoas que comem carne a celebrar bons cortes e encontrar a melhor maneira de cozinhá-los, mas também quero deixar todos bem munidos de receitas e ideias de pratos irresistíveis que por acaso têm vegetais ou peixe como base — os quais espero que você receba de braços abertos em seu repertório. Na verdade, 65% das receitas deste livro ou não levam carne ou levam bem pouca, e você vai encontrar cor, vida, conforto e alegria naquelas que são centradas em peixes e vegetais. Trazer mais comida do tipo para nosso dia a dia só pode ser bom. Quando possível, incluí versões vegetarianas em pratos baseados em carne para dar uma mãozinha, independente das suas preferências.

Acho que este livro vai inspirar cozinheiros de todos os níveis, desde aqueles que estão começando sua jornada culinária até os chefs mais experientes, porque as receitas celebram a simplicidade, com o mínimo de ingredientes e de louça suja, mas sempre com muito sabor. Portanto, sente-se, relaxe e comece a virar as páginas. Minha intenção era escrever um livro relevante e que tornaria sua vida deliciosa. Tudo em uma panela só.

VAMOS FALAR DE UTENSÍLIOS

Todas as receitas deste livro usam um único recipiente para cozinhar. Os heróis de que você vai precisar são: um conjunto de frigideiras, duas panelas — uma maior e outra menor — e um conjunto de assadeiras. Uma tábua e uma boa faca também são necessárias em quase todas as receitas, claro. Refleti muito sobre como abordar o preparo das receitas para minimizar os utensílios necessários. Um descascador de legumes, um ralador vertical e um pilão facilitam sua vida e são fantásticos para criar textura e aprofundar o sabor. E um liquidificador e um processador de alimentos sempre ajudam, principalmente se seu tempo for curto!

A DESPENSA

Como em todos os meus livros mais recentes, parto do princípio de que você tem estes cinco itens do dia a dia em casa. Eles aparecem diversas vezes ao longo do livro e não estão incluídos nas listas de ingredientes de cada receita. Estou falando de azeite comum para cozinhar, azeite extravirgem para temperar e finalizar, vinagre de vinho tinto para conferir acidez e equilibrar marinadas e molhos; e sal marinho e pimenta-do-reino para temperar.

UMA ÚNICA TROCA DE INGREDIENTE PODE MUDAR TUDO. COM MASSA DE LASANHA FRESCA, POR EXEMPLO, VOCÊ PODE PRODUZIR ALGO DELICIOSO EM MINUTOS.

MASSAS DE FRIGIDEIRA

FRIGIDEIRA

MACARRÃO COM SALMÃO DEFUMADO
ESPINAFRE, CEBOLINHA, LIMÃO-SICILIANO, COTTAGE E PARMESÃO

SERVE 1 | 8 MINUTOS NO TOTAL

125 g de folhas de massa de lasanha fresca

2 cebolinhas

80 g de espinafre

60 g de salmão defumado (2 fatias)

½ limão-siciliano

5 g de queijo parmesão

1 colher (sopa) de queijo cottage

Ponha uma chaleira com água para ferver. Corte as folhas da massa de lasanha na metade no sentido do comprimento, depois em tiras de 2 cm, usando uma faca ou um fatiador, se tiver. Apare os talos de cebolinha e pique fininho junto com o espinafre e metade do salmão. Raspe finamente a casca do limão-siciliano, depois rale o parmesão, mantendo ambos separados. Leve uma frigideira de 28 cm ao fogo alto.

Quando estiver quente, regue com um pouco de azeite e adicione a cebolinha, o espinafre, o salmão picado e as raspas de limão-siciliano. Com cuidado, junte o macarrão e adicione água fervendo até cobrir — cerca de 250 ml. Deixe cozinhar por 4 minutos ou até o macarrão absorver a maior parte da água e formar um molho, mexendo com frequência e afinando com um pouco mais de água se necessário. Apague o fogo, esprema o limão-siciliano, junte o cottage e o parmesão, depois tempere a gosto. Rasgue delicadamente o restante do salmão e jogue sobre a massa, e finalize com um toque de azeite extravirgem, se quiser.

CALORIAS	GORDURA	GORDURA SATURADA	PROTEÍNA	CARBOIDRATOS	AÇÚCARES	SAL	FIBRAS
431 kcal	14,8 g	4 g	29,5 g	43,6 g	4,6 g	1,7 g	3,1 g

FRIGIDEIRA

MASSA APIMENTADA COM BALSÂMICO

ALHO, PIMENTA, PARMESÃO, MANJERICÃO E MOLHO DE TOMATE

SERVE 1 | 15 MINUTOS NO TOTAL

125 g de folhas de massa de lasanha fresca

1 dente de alho

½ pimenta dedo-de-moça vermelha fresca

1 ramo de manjericão

2 pimentões vermelhos assados em conserva

10 g de queijo parmesão

200 ml de passata de tomate

vinagre balsâmico

Ponha uma chaleira com água para ferver. Corte as folhas da massa de lasanha em tiras de 1 cm no sentido do comprimento para fazer tagliatelle. Descasque o alho, depois fatie bem, junto com a pimenta dedo-de-moça e o talo do manjericão, reservando as folhas. Pique os pimentões do mesmo tamanho que o macarrão. Rale finamente o parmesão. Leve uma frigideira de 28 cm ao fogo alto.

Quando estiver quente, regue a frigideira com um pouco de azeite e adicione o alho, a pimenta e o talo do manjericão. Quando o alho estiver levemente dourado, junte os pimentões e cozinhe por 1 minuto, depois inclua a passata. Com cuidado, adicione o macarrão e a água fervente até cobrir — cerca de 300 ml. Deixe cozinhar por 4 minutos ou até a massa absorver a maior parte da água e formar um molho, mexendo com frequência e afinando com um pouco mais de água se necessário. Apague o fogo, adicione as folhas de manjericão e o parmesão e regue bem com vinagre balsâmico, depois tempere a gosto. Finalize com um toque de azeite extravirgem, se quiser.

CALORIAS	GORDURA	GORDURA SATURADA	PROTEÍNA	CARBOIDRATOS	AÇÚCARES	SAL	FIBRAS
421 kcal	10,6 g	3,4 g	15,8 g	62,2 g	21,4 g	0,4 g	6 g

FRIGIDEIRA

CARBONARA COM COGUMELOS

BACON DEFUMADO, ALECRIM, OVO, PARMESÃO E PIMENTA-DO-REINO

SERVE 1 | 12 MINUTOS NO TOTAL

125 g de folhas de massa de lasanha fresca

2 fatias de bacon defumado

80 g de cogumelos-de-paris

2 ramos de alecrim

15 g de queijo parmesão

1 ovo

Ponha a água para ferver. Corte as folhas da massa de lasanha em tiras de ½ cm no sentido do comprimento. Pique bem o bacon e os cogumelos, mantendo-os separados. Separe e pique as folhas de alecrim. Rale finamente o parmesão, transfira para uma tigela pequena e inclua o ovo. Leve uma frigideira de 28 cm ao fogo alto.

Quando estiver quente, regue a frigideira com um pouco de azeite e adicione o bacon, o alecrim e uma pitada generosa de pimenta-do-reino. Assim que dourar levemente, acrescente os cogumelos. Cozinhe por 2 minutos, mexendo com frequência, depois junte o macarrão à frigideira. Com cuidado, despeje água fervente até cobrir — cerca de 300 ml. Deixe cozinhar por 4 minutos ou até a massa absorver a maior parte da água e formar um molho, mexendo com frequência. Apague o fogo, deixe descansar por 30 segundos, depois adicione a mistura de ovo e mexa vigorosamente até formar um molho delicado e sedoso. A frigideira não pode estar no fogo para que o ovo não cozinhe totalmente; para que o molho fique homogêneo, você não pode parar de mexer. Acerte o tempero e finalize com um toque de azeite extravirgem e mais parmesão ralado, se quiser.

VERSÃO VEGETARIANA

É só não usar o bacon! Também é legal variar o cogumelo utilizado.

CALORIAS	GORDURA	GORDURA SATURADA	PROTEÍNA	CARBOIDRATOS	AÇÚCARES	SAL	FIBRAS
448 kcal	20,8 g	6,9 g	23,8 g	40,4 g	1,3 g	1,1 g	3,9 g

FRIGIDEIRA

STRACCI À PRIMAVERA

ERVILHA, ASPARGOS, EDAMAME, HORTELÃ E FETA

SERVE 1 | 10 MINUTOS NO TOTAL

125 g de folhas de massa de lasanha fresca

1 dente de alho

3 talos de aspargos (80 g)

1 ramo de hortelã

10 g de queijo parmesão

40 g de ervilhas congeladas

40 g de edamame congelado

10 g de queijo feta

Ponha a água para ferver. Corte as folhas da massa de lasanha em pedaços de 5 cm para fazer o stracci. Descasque o alho e pique-o bem. Apare as extremidades lenhosas dos aspargos e pique bem os talos, deixando as pontas inteiras. Separe as folhas de hortelã. Rale bem o parmesão. Leve uma frigideira de 28 cm ao fogo alto.

Quando estiver quente, regue a frigideira com um pouco de azeite e adicione o alho e os aspargos. Quando o alho estiver levemente dourado, acrescente as ervilhas e o edamame, depois junte o macarrão e as folhas de hortelã. Com cuidado, despeje água fervente até cobrir — cerca de 300 ml. Deixe cozinhar por 4 minutos ou até a massa absorver a maior parte da água e formar um molho, mexendo com frequência e afinando com um pouco mais de água, se necessário. Apague o fogo, esmigalhe o feta e adicione junto com o parmesão, depois tempere a gosto. Finalize com um toque de azeite extravirgem, se quiser.

DICA

Usei edamame em vez da vagem tradicional porque é mais saboroso, conveniente, e não precisa descascar.

CALORIAS	GORDURA	GORDURA SATURADA	PROTEÍNA	CARBOIDRATOS	AÇÚCARES	SAL	FIBRAS
432 kcal	14,7 g	4,9 g	23,2 g	52,9 g	3,8 g	0,4 g	8,5 g

FRIGIDEIRA

PAPPARDELLE COM LINGUIÇA

SEMENTES DE ERVA-DOCE, CHIANTI, ALHO, TOMATE E SALSINHA

SERVE 1 | 14 MINUTOS NO TOTAL

125 g de folhas de massa de lasanha fresca

1 dente de alho

½ maço de salsinha (15 g)

1 linguiça de porco ou vegetal

1 colher (chá) de sementes de erva-doce

Chianti ou outro vinho tinto italiano

200 ml de passata

queijo parmesão, para ralar

Ponha a água para ferver. Corte as folhas da massa de lasanha no sentido do comprimento em tiras de 3 cm para fazer o pappardelle. Descasque e fatie finamente o alho. Pique bem a metade superior da salsinha, depois os talos, mantendo ambos separados. Leve uma frigideira de 28 cm ao fogo alto.

Quando estiver quente, regue a frigideira com um pouco de azeite, depois tire a pele e adicione o recheio da linguiça, quebrando-o com a colher (se optar pela linguiça vegetal, você também pode fatiá-la). Frite por 2 minutos, depois acrescente o alho, os talos da salsinha e as sementes de erva-doce. Assim que ficar levemente dourado, regue com um pouco de vinho tinto. Deixe cozinhar. Depois acrescente a passata e junte o macarrão à frigideira. Com cuidado, despeje água fervente até cobrir — cerca de 300 ml. Deixe cozinhar por 4 minutos ou até a massa absorver a maior parte da água e formar um molho, mexendo com frequência e afinando com um pouco mais de água se necessário. Apague o fogo, adicione as folhas de salsinha, e tempere a gosto. Finalize com parmesão ralado e um toque de azeite extravirgem, se quiser.

CALORIAS	GORDURA	GORDURA SATURADA	PROTEÍNA	CARBOIDRATOS	AÇÚCARES	SAL	FIBRAS
464 kcal	13,8 g	4,1 g	20,1 g	55,4 g	11 g	1,1 g	5 g

FRIGIDEIRA

TAGLIATELLE COM COGUMELOS E ALHO

TOMILHO, NOZES, RÚCULA, COTTAGE E PARMESÃO

SERVE 1 | 8 MINUTOS NO TOTAL

125 g de folhas de massa de lasanha fresca

80 g de cogumelos hiratake

1 dente de alho

10 g de parmesão

2 ramos de tomilho

4 nozes sem casca e sem sal

1 colher (sopa) cheia de queijo cottage

1 punhado de rúcula

Ponha a água para ferver. Corte as folhas da massa de lasanha no sentido do comprimento em tiras de 1 cm para fazer tagliatelle. Leve uma frigideira de 28 cm ao fogo alto e doure os cogumelos sem gordura enquanto a frigideira esquenta. Descasque e fatie bem o alho. Rale bem o parmesão.

Quando os cogumelos estiverem levemente tostados, regue com azeite e adicione o alho e as folhas de tomilho, depois esmigalhe e adicione as nozes. Assim que o alho ficar levemente dourado, junte o macarrão à frigideira. Com cuidado, despeje água fervente até cobrir — cerca de 300 ml. Deixe cozinhar por 4 minutos ou até a massa absorver a maior parte da água e formar um molho, mexendo com frequência e afinando com um pouco mais de água, se necessário. Adicione o parmesão, o cottage e a rúcula, depois tempere a gosto. Finalize com um toque de azeite extravirgem, se quiser.

CALORIAS	GORDURA	GORDURA SATURADA	PROTEÍNA	CARBOIDRATOS	AÇÚCARES	SAL	FIBRAS
532 kcal	30,2 g	6 g	20,5 g	43,4 g	2,8 g	0,3 g	4,6 g

FRIGIDEIRA

MACARRÃO COM PESTO DE PIMENTÃO
ALHO, PARMESÃO, ORÉGANO E AMÊNDOA DEFUMADA

SERVE 1 | 13 MINUTOS NO TOTAL

125 g de folhas de massa de lasanha fresca

2 dentes de alho

10 g de amêndoas defumadas

1 colher (chá) de orégano seco

230 g de pimentões vermelhos assados em conserva

10 g de queijo parmesão

Ponha a água para ferver. Corte as folhas da massa de lasanha na metade no sentido do comprimento para fazer lasagnetti. Leve uma frigideira de 28 cm ao fogo alto. Descasque e rale finamente o alho; leve à tábua, junto com as amêndoas e o orégano; adicione os pimentões sem o líquido da conserva e rale bem o parmesão por cima.

Com cuidado, despeje 300 ml de água fervente na frigideira quente e distribua a massa igualmente, adicionando uma pitada de sal marinho. Cozinhe por 3 minutos, enquanto pica tudo na tábua para fazer o pesto rústico. Tempere a gosto, depois leve à frigideira e deixe cozinhar por 2 minutos ou até reduzir a uma textura de molho fino, mexendo com frequência. Finalize com um toque de azeite.

DICA
As amêndoas defumadas contribuem para um sabor mais intenso e são um excelente item para economizar tempo.

CALORIAS	GORDURA	GORDURA SATURADA	PROTEÍNA	CARBOIDRATOS	AÇÚCARES	SAL	FIBRAS
410 kcal	14,8 g	4,9 g	17,8 g	48,1 g	7,2 g	1,4 g	7,9 g

FRIGIDEIRA

TALHARIM COM CAMARÃO

ALCACHOFRA, ALHO, MANJERICÃO, LIMÃO-SICILIANO E PARMESÃO

SERVE 1 | 12 MINUTOS NO TOTAL

125 g de folhas de massa de lasanha fresca

80 g de coração de alcachofra em conserva

1 dente de alho

10 g de queijo parmesão

80 g de camarões grandes sem casca

1 ramo de manjericão

½ limão-siciliano

Ponha a água para ferver. Corte as folhas da massa de lasanha no sentido do comprimento tão fino quanto possível para fazer talharim. Pique os corações de alcachofra. Descasque e fatie bem o alho. Rale bem o parmesão. Leve uma frigideira de 28 cm ao fogo alto.

Quando estiver quente, regue com o líquido da conserva e acrescente a alcachofra e o alho. Assim que dourar levemente, junte os camarões e o macarrão à frigideira. Com cuidado, despeje água fervente até cobrir — cerca de 300 ml. Deixe cozinhar por 4 minutos ou até a massa absorver a maior parte da água e formar um molho, mexendo com frequência e afinando com um pouco mais de água, se necessário. Apague o fogo, rasgue e adicione as folhas de manjericão, esprema o limão-siciliano em cima e junte o parmesão, depois tempere a gosto. Finalize com um toque de azeite extravirgem, se quiser.

CALORIAS	GORDURA	GORDURA SATURADA	PROTEÍNA	CARBOIDRATOS	AÇÚCARES	SAL	FIBRAS
485 kcal	21,7 g	4,9 g	27,1 g	43,1 g	1,4 g	1,5 g	5,1 g

FRIGIDEIRA

MACARRÃO COM FEIJÃO E PANCETTA

FEIJÃO-RAJADO, SÁLVIA, TOMATE-CEREJA E PARMESÃO

SERVE 1 | 12 MINUTOS NO TOTAL

125 g de folhas de massa de lasanha fresca

1 dente de alho

2 fatias de pancetta defumada

10 g de parmesão

4 folhas de sálvia

100 g de tomates-cereja maduros

200 g de feijão-rajado (borlotti) em conserva

Ponha a água para ferver. Corte as folhas da massa de lasanha em quadrados de 3 cm. Descasque e fatie finamente o alho. Corte a pancetta em quadrados de 3 cm. Rale bem o parmesão. Leve uma frigideira de 28 cm ao fogo alto.

Quando estiver quente, regue a frigideira com um pouco de azeite e adicione o alho, a pancetta e a sálvia. Corte os tomates ao meio e adicione-os assim que o alho estiver levemente dourado, junto com uma pitada generosa de pimenta-do--reino, o feijão e um pouco de água. Coloque o macarrão, depois, com cuidado, acrescente água fervente até cobrir — cerca de 300 ml. Deixe cozinhar por 4 minutos ou até a massa absorver a maior parte da água e formar um molho, mexendo com frequência e afinando com um pouco mais de água, se necessário. Apague o fogo, acrescente o parmesão e tempere a gosto. Finalize com um toque de azeite extravirgem, se quiser.

CALORIAS	GORDURA	GORDURA SATURADA	PROTEÍNA	CARBOIDRATOS	AÇÚCARES	SAL	FIBRAS
445 kcal	12,9 g	4,2 g	22,8 g	58,1 g	4,7 g	0,6 g	11,6 g

FRIGIDEIRA

MACARRÃO COM BRÓCOLIS E ANCHOVA

LIMÃO-SICILIANO, PARMESÃO, AMÊNDOA LAMINADA E UMA PITADA DE PIMENTA

SERVE 1 | 15 MINUTOS NO TOTAL

125 g de folhas de massa de lasanha fresca

10 g de amêndoas laminadas

1 dente de alho

80 g de brócolis ramoso

10 g de queijo parmesão

2 filés de anchova em conserva de óleo

1 pitada de pimenta-calabresa em flocos

¼ de limão-siciliano

Ponha a água para ferver. Corte a massa de lasanha em triângulos. Leve uma frigideira de 28 cm ao fogo alto e, enquanto ela esquenta, toste as amêndoas, removendo-as quando dourar. Descasque e fatie bem o alho. Apare as pontas duras dos brócolis e pique finamente o restante do talo, deixando a parte de cima inteira. Rale bem o parmesão.

Regue a frigideira quente com um pouco do óleo da conserva da anchova e junte o alho, o brócolis, a pimenta-calabresa e as anchovas. Adicione raspas fininhas de limão-siciliano. Quando o alho estiver ligeiramente dourado, junte o macarrão à frigideira. Com cuidado, despeje água fervente até cobrir — cerca de 300 ml. Deixe cozinhar por 4 minutos ou até a massa absorver a maior parte da água e formar um molho, mexendo com frequência e afinando com um pouco mais de água, se necessário. Apague o fogo, esprema o limão-siciliano em cima, adicione o parmesão, tempere a gosto, depois espalhe por cima as amêndoas tostadas. Finalize com uma pitada de pimenta-calabresa e um toque de azeite extravirgem, se quiser.

CALORIAS	GORDURA	GORDURA SATURADA	PROTEÍNA	CARBOIDRATOS	AÇÚCARES	SAL	FIBRAS
457 kcal	20,8 g	4,8 g	21,7 g	45,1 g	3,8 g	1,2 g	5,8 g

FRIGIDEIRA

MACARRÃO COM MARISCOS E FEIJÃO

FEIJÃO-BRANCO, TOMATE-CEREJA, ALHO, SALSINHA E PECORINO

SERVE 1 | 13 MINUTOS NO TOTAL

125 g de folhas de massa de lasanha fresca

300 g de mariscos limpos e escovados

2 dentes de alho

½ maço de salsinha (15 g)

100 g de tomates-cereja maduros

10 g de queijo pecorino

1 pitada de pimenta-calabresa em flocos

200 g de feijão-branco em conserva

Ponha a água para ferver. Corte as folhas da massa de lasanha no sentido do comprimento em tiras de 1 cm para fazer tagliatelle. Dê uma batidinha nos mariscos que estiverem abertos: se não fecharem, descarte-os. Descasque e fatie finamente o alho. Pique bem a metade superior da salsinha, depois os talos, mantendo ambos separados. Corte os tomates ao meio. Rale bem o pecorino. Leve uma frigideira de 28 cm ao fogo alto.

Quando estiver quente, trabalhe rápido: regue a frigideira com um pouco de azeite e junte o alho, os talos de salsinha, a pimenta-calabresa, os mariscos e os tomates. Adicione os feijões com o líquido da conserva, misture, depois acrescente o macarrão à frigideira. Com cuidado adicione água fervente até cobrir — cerca de 300 ml —, depois tampe e deixe cozinhar por cerca de 4 minutos ou até os mariscos abrirem, agitando a frigideira de vez em quando. Se algum marisco continuar fechado, descarte. Apague o fogo e junte o pecorino. Tempere a gosto. Polvilhe com folhas de salsinha e finalize com um toque de azeite extravirgem, se quiser.

CALORIAS	GORDURA	GORDURA SATURADA	PROTEÍNA	CARBOIDRATOS	AÇÚCARES	SAL	FIBRAS
535 kcal	13,2 g	3,8 g	35,2 g	68,2 g	5,6 g	1,2 g	11,9 g

FRIGIDEIRA

MACARRÃO COM ABÓBORA E GRÃO-DE-BICO

PIMENTA, RED LEICESTER, ALECRIM E UM TOQUE DE CANELA

SERVE 1 | 14 MINUTOS NO TOTAL

125 g de folhas de massa de lasanha fresca

1 dente de alho

80 g de abóbora-manteiga

10 g de queijo Red Leicester (ou cheddar tipo inglês)

2 cm de canela em pau

½ pimenta dedo-de-moça

1 ramo de alecrim

80 g de grão-de-bico em conserva

Ponha a água para ferver. Corte as folhas da massa de lasanha no sentido do comprimento em quatro tiras iguais. Descasque e fatie finamente o alho. Rale grosseiramente a abóbora. Rale bem o queijo. Leve uma frigideira de 28 cm ao fogo alto.

Quando estiver quente, regue a frigideira com um pouco de azeite e junte o alho, a canela e a pimenta. Inclua as folhas de alecrim e, quando o alho estiver ligeiramente dourado, acrescente a abóbora e o grão-de-bico. Junte o macarrão à frigideira, depois, com cuidado, despeje água fervente até cobrir — cerca de 300 ml. Deixe cozinhar por 4 minutos ou até a massa absorver a maior parte da água e formar um molho, mexendo com frequência e afinando com um pouco mais de água, se necessário. Apague o fogo, retire a canela e a pimenta (você também pode picar ou fatiar a pimenta bem fino e incluir, a gosto, para um sabor mais picante) e junte o queijo, depois tempere a gosto. Finalize com mais queijo ralado e um toque de azeite extravirgem, se quiser.

MAIS SABOR

Se encontrar grão-de-bico bem grande e macio, conservado em vidro, vai elevar o prato a outro nível.

CALORIAS	GORDURA	GORDURA SATURADA	PROTEÍNA	CARBOIDRATOS	AÇÚCARES	SAL	FIBRAS
417 kcal	11,7 g	3,6 g	17,2 g	60,2 g	5,5 g	0,2 g	9,4 g

FRIGIDEIRA

TAGLIATELLE COM ATUM E MILHO

CEBOLA ROXA, PIMENTA, SALSINHA, PARMESÃO E UM TOQUE DE LIMÃO-SICILIANO

SERVE 1 | 13 MINUTOS NO TOTAL

125 g de folhas de massa de lasanha fresca

½ cebola roxa

½ pimenta dedo-de-moça

2 ramos de salsinha

10 g de queijo parmesão

40 g de atum em conserva de óleo

80 g de milho congelado

½ limão-siciliano

Ponha a água para ferver. Corte as folhas da massa de lasanha no sentido do comprimento em tiras de 1 cm para fazer o tagliatelle. Descasque e pique bem a cebola. Fatie bem a pimenta. Pique grosseiramente a metade superior da salsinha, depois pique os talos, mantendo ambos separados. Rale bem o parmesão. Leve uma frigideira de 28 cm ao fogo alto.

Quando estiver quente, regue com um pouco do óleo da conserva do atum e inclua a cebola, a pimenta e os talos de salsinha e, 1 minuto depois, o milho congelado. Assim que a cebola ficar levemente dourada, adicione o atum. Junte o macarrão à frigideira com as folhas de salsinha, depois, com cuidado, despeje água fervente até cobrir — cerca de 300 ml. Deixe cozinhar por 4 minutos ou até a massa absorver a maior parte da água e formar um molho, mexendo com frequência e afinando com um pouco mais de água, se necessário. Apague o fogo, acrescente o parmesão, esprema o limão-siciliano em cima, depois tempere a gosto. Finalize com um toque de azeite extravirgem, se quiser.

CALORIAS	GORDURA	GORDURA SATURADA	PROTEÍNA	CARBOIDRATOS	AÇÚCARES	SAL	FIBRAS
481 kcal	13,7 g	3,6 g	26,1 g	61,2 g	8,4 g	0,6 g	7,1 g

FRIGIDEIRA

MACARRÃO DE NATAL

LINGUIÇA, SÁLVIA E CEBOLA, CASTANHA-PORTUGUESA E NOZ-MOSCADA

SERVE 1 | 16 MINUTOS NO TOTAL

125 g de folhas de massa de lasanha fresca

1 linguiça de porco

1 fatia de bacon defumado

¼ de cebola roxa pequena

1 ramo de sálvia

15 g de queijo parmesão

5 castanhas-portuguesas cozidas

1 noz-moscada inteira, para ralar

Ponha a água para ferver. Use um cortador de biscoitos ou uma faca afiada para cortar a massa de lasanha em formato natalino e rasgue as sobras. Retire a pele da linguiça e molde bolinhos com o recheio. Pique bem o bacon. Descasque e pique bem a cebola. Separe as folhas de sálvia. Rale finamente o parmesão. Leve uma frigideira de 28 cm ao fogo alto.

Quando estiver quente, regue a frigideira com um pouco de azeite e junte os bolinhos de linguiça e o bacon. Mexa com frequência. Assim que ficar levemente dourado, acrescente a cebola e a sálvia, esmigalhe e adicione as castanhas-portuguesas e cozinhe por 2 minutos. Junte o macarrão à frigideira, depois, com cuidado, despeje água fervente até cobrir — cerca de 300 ml. Deixe cozinhar por 4 minutos ou até a massa absorver a maior parte da água e formar um molho sedoso, mexendo com frequência e afinando com um pouco mais de água, se necessário. Apague o fogo, adicione o parmesão e tempere a gosto. Finalize com um pouco de noz-moscada ralada a gosto e um toque de azeite extravirgem, se quiser.

CALORIAS	GORDURA	GORDURA SATURADA	PROTEÍNA	CARBOIDRATOS	AÇÚCARES	SAL	FIBRAS
526 kcal	22,3 g	8,4 g	24,6 g	57,8 g	6,2 g	1,4 g	3,9 g

PODE ACREDITAR: COM BELOS VEGETAIS
E UM POUCO DE CRIATIVIDADE, VOCÊ
PODE SE DIVERTIR MUITO INVENTANDO
PRATOS SABOROSOS E VIBRANTES.

DELÍCIAS VEGETARIANAS

FRIGIDEIRA

NHOQUE AO MOLHO DE TOMATE
ESPINAFRE FRESCO E PESTO DE AVELÃ, ASPARGOS E AZEITONAS

SERVE 2, COM SOBRAS DE PESTO | 18 MINUTOS NO TOTAL

2 dentes de alho

400 g de nhoque

20 g de avelãs branqueadas

100 g de espinafre baby

20 g de queijo parmesão

400 g de tomates pelados em lata

250 g de aspargos

4 azeitonas pretas

Leve uma frigideira de 30 cm ao fogo médio-alto. Descasque e fatie finamente o alho e coloque a maior parte na frigideira. Regue com um pouco de azeite e adicione o nhoque. Deixe por 5 minutos, mexendo de vez em quando. Faça o pesto amassando o alho e as avelãs em um pilão, adicionando o espinafre (em levas, se necessário) e colocando um pouco de azeite extravirgem e a maior parte do parmesão bem ralado. Tempere a gosto.

Com as mãos limpas, transfira os tomates para a frigideira e amasse, adicionando o líquido de meia lata. Apare e descarte as extremidades lenhosas dos aspargos, adicione o restante ao molho, tampe a frigideira e deixe cozinhar por 5 minutos, sacudindo de vez em quando. Amasse as azeitonas e descarte os caroços. Sirva o nhoque e os aspargos com uma colherada de pesto, as azeitonas e o restante do parmesão ralado por cima.

CALORIAS	GORDURA	GORDURA SATURADA	PROTEÍNA	CARBOIDRATOS	AÇÚCARES	SAL	FIBRAS
470 kcal	8,5 g	1,8 g	14,7 g	83,1 g	11,1 g	1,6 g	5,2 g

ASSADEIRA

SALADA DE COGUMELOS ASSADOS

PERA, ARROZ, FOLHAS VERDES, QUEIJO AZUL, LIMÃO-SICILIANO E NOZES

SERVE 4 | 48 MINUTOS NO TOTAL

- 8 cogumelos portobello pequenos
- 2 peras
- 80 g de queijo azul
- 2 colheres (sopa) de nozes sem casca e sem sal
- 1 limão-siciliano
- 80 g de rabanete
- 500 g de arroz basmati ou selvagem cozido
- 80 g de agrião, espinafre e rúcula

Preaqueça o forno a 180°C. Descasque os cogumelos e coloque-os em uma assadeira grande, reservando a pele. Corte as peras em quatro e descarte o miolo, junte à assadeira e regue com 1 colher (sopa) de azeite e 1 colher (sopa) de vinagre de vinho tinto, em seguida tempere com sal e pimenta. Vire o cabo dos cogumelos para cima e asse por 30 minutos, depois espalhe o queijo azul e as nozes por cima e asse por mais 10 minutos.

Enquanto isso, em uma tigela, rale bem a casca do limão-siciliano e esprema o sumo, depois acrescente o rabanete bem fatiado. Adicione uma pitada de sal e misture para fazer um picles rápido. Aqueça o arroz no micro-ondas e transfira para uma travessa. Pique a pele dos cogumelos e rasgue as folhas verdes, misture com o arroz e o picles de rabanete e tempere a gosto. Coloque os cogumelos e as peras assados por cima e regue com o líquido da assadeira. Sirva com um pouco de azeite extravirgem, se quiser.

CALORIAS	GORDURA	GORDURA SATURADA	PROTEÍNA	CARBOIDRATOS	AÇÚCARES	SAL	FIBRAS
399 kcal	16,4 g	5,7 g	13,2 g	53 g	8,9 g	1,5 g	5,3 g

PANELA

CANELONE DE BERINJELA E ESPINAFRE

BERINJELA, PINOLE, ESPINAFRE, TOMATE, PARMESÃO E MOZARELA DE BÚFALA

SERVE 4 | 38 MINUTOS NO TOTAL

4 dentes de alho

1 colher (sopa) de pinole

380 g de berinjela assada em conserva

800 g de tomates pelados em lata

250 g de espinafre

250 g de massa de canelone seca

25 g de queijo parmesão

125 g de mozarela fresca de búfala

Preaqueça o forno a 200°C. Leve uma panela grande e rasa (que possa ir ao forno) ao fogo médio. Descasque e fatie bem o alho e transfira para a panela com 1 colher (sopa) de azeite e os pinoles. Mexa com frequência até dourar levemente, depois acrescente a berinjela. Mexa por 1 minuto, depois adicione os tomates e 1½ lata de água. Pique grosseiramente e adicione o espinafre. Deixe ferver e cozinhar por 5 minutos, depois amasse com um amassador de batata e tempere a gosto. Apague o fogo.

Mergulhe com cuidado a massa no molho, certificando-se de que ela seja bem coberta — enquanto cozinha, a massa vai absorver a umidade e o sabor do molho e ficar deliciosa. Polvilhe parmesão ralado e despedace a mozarela de búfala por cima, depois transfira para o forno e asse por 20 minutos ou até que esteja dourado e borbulhando, e a massa esteja cozida. Fica perfeito servido com salada.

CALORIAS	GORDURA	GORDURA SATURADA	PROTEÍNA	CARBOIDRATOS	AÇÚCARES	SAL	FIBRAS
365 kcal	18,7 g	6,8 g	16,4 g	32 g	10,8 g	1,4 g	4,5 g

ASSADEIRA

SALADA DE CEBOLA ROXA

HORTELÃ, CUSCUZ MARROQUINO, FETA, SUMAGRE, AZEITONA E AVELÃ

SERVE 4 | **20 MINUTOS DE PREPARO/ 1 HORA DE COZIMENTO**

3 cebolas roxas grandes

1 cabeça de alho

300 g de cuscuz marroquino

1 maço de hortelã fresca (30 g)

8 azeitonas verdes

2 colheres (sopa) de avelãs branqueadas

1 colher (chá) de sumagre, e mais um pouco para polvilhar

100 g de queijo feta

Preaqueça o forno a 180°C. Descasque as cebolas e corte ao meio no sentido da largura, depois leve a uma assadeira junto com a cabeça inteira de alho e cubra com 1 colher (sopa) de azeite e 1 colher (sopa) de vinagre de vinho tinto. Tempere com sal marinho e pimenta-do-reino, adicione um pouco de água e vire a parte cortada das cebolas para cima. Asse na grade de cima do forno por 1 hora ou até ficarem bem macias e doces.

Ponha uma chaleira de água para ferver. Transfira as cebolas e o alho para a tábua e espalhe o cuscuz na assadeira. Pique grosseiramente e adicione as folhas de hortelã, reservando algumas mais bonitas para decorar, depois despeje 600 ml de água fervente e raspe o que estiver grudado na assadeira. Reserve por 10 minutos; enquanto isso, esprema o alho para fora da casca e separe com cuidado os anéis de cebola. Amasse e adicione a azeitona, descartando o caroço. Pique grosseiramente as avelãs e misture com o sumagre. Sirva numa travessa — apenas afofe o cuscuz, coloque as cebolas por cima, esfarele e espalhe o feta e então as folhas de hortelã. Finalize com mais um pouco de sumagre e um toque de azeite extravirgem, se quiser.

CALORIAS	GORDURA	GORDURA SATURADA	PROTEÍNA	CARBOIDRATOS	AÇÚCARES	SAL	FIBRAS
463 kcal	14 g	4,5 g	16,2 g	72,3 g	10 g	1,3 g	6,3 g

PANELA

SOPA DE ABÓBORA SUNTUOSA

FEIJÃO-RAJADO, ALECRIM, PÃO E PARMESÃO

SERVE 4 | 50 MINUTOS NO TOTAL

1,2 kg de abóbora-manteiga

2 cebolas roxas

4 dentes de alho

2 ramos de alecrim

400 g de feijão-rajado (borlotti) em conserva

1 cubinho de caldo de legumes ou de galinha

4 fatias grossas de pão

40 g de queijo parmesão

Apare as extremidades da abóbora, corte com cuidado ao meio no sentido do comprimento e descarte as sementes, depois descasque e corte em cubos de 2 cm. Leve a uma panela rasa e grande ao fogo médio com 1 colher (sopa) de azeite, mexendo de vez em quando. Descasque as cebolas e pique em pedaços iguais, descasque e pique grosseiramente o alho, e transfira tudo para a panela. Separe e pique finamente as folhas de alecrim e adicione-as à mistura. Tempere com sal marinho e pimenta-do-reino, tampe e deixe cozinhar por 10 minutos, mexendo com frequência. Tire a tampa e deixe cozinhar por mais 5 minutos ou até começar a dourar, mexendo de vez em quando.

Adicione os feijões com o líquido, em seguida acrescente o cubo de caldo e 600 ml de água. Deixe ferver e depois cozinhar por mais 10 minutos ou até a abóbora ficar macia e chegar a uma textura de sopa grossa. Tempere a gosto. Toste os pães. Regue a sopa e os pães com um pouco de azeite extravirgem, se quiser. Rale bem o parmesão sobre os pães, e então sirva.

CALORIAS	GORDURA	GORDURA SATURADA	PROTEÍNA	CARBOIDRATOS	AÇÚCARES	SAL	FIBRAS
348 kcal	7,5 g	2,5 g	16,1 g	56,5 g	19,8 g	1,2 g	10,4 g

PANELA

MACARRÃO ASSADO DO BUDDY

BRÓCOLIS, MOLHO DE QUEIJO E FAROFA DE PÃO DE ALHO

SERVE 8 | 45 MINUTOS NO TOTAL

750 g de brócolis

4 dentes de alho

½-1 colher (chá) de pimenta-calabresa em flocos

1,5 litro de leite semidesnatado

100 g de espinafre baby

100 g de queijo cheddar (tipo inglês)

500 g de macarrão concha seco

100 g de pão de alho

Preaqueça o forno a 200°C. Apare e descarte as extremidades duras dos talos de brócolis, depois pique grosseiramente o que restou dos talos e leve ao processador de alimentos. Corte o restante dos brócolis em pedaços de 3 cm e reserve. Descasque o alho e leve ao processador, depois bata bem. Leve uma panela grande e rasa (que possa ir ao forno) ao fogo médio. Quando estiver quente, adicione 1 colher (sopa) de azeite e a pimenta-calabresa a gosto. Quando começar a chiar, junte os talos de brócolis batidos. Deixe cozinhar por 5 minutos, mexendo de vez em quando, então adicione 1 litro de leite. Bata os 500 ml restantes no processador com o espinafre e o queijo (pensei este prato para ser saudável, mas você pode usar mais queijo, se preferir) até ficar homogêneo, despeje na panela, deixe ferver e tempere a gosto. Junte os pedaços de brócolis e o macarrão e cozinhe por 5 minutos, mexendo com frequência.

Coloque o pão de alho em fatias no processador (não precisa limpar) e bata até esfarelar. Espalhe sobre o macarrão e asse por 15 minutos ou até dourar e borbulhar. Fica delicioso com salada verde.

TROCAS

Você pode substituir o brócolis por couve-de-bruxelas — bata metade para o molho e acrescente a outra metade cortada em quatro ao macarrão. No Natal, use os queijos que tiver na tábua de frios e inclua castanha-portuguesa na farofa de pão de alho.

CALORIAS	GORDURA	GORDURA SATURADA	PROTEÍNA	CARBOIDRATOS	AÇÚCARES	SAL	FIBRAS
392 kcal	12,1 g	6,2 g	22,5 g	65,4 g	12,5 g	0,6 g	4 g

FRIGIDEIRA

PÃO DE COGUMELOS GIGANTE

COCO, COENTRO, CEBOLINHA E MOLHINHO DE LIMÃO

SERVE 2 | 22 MINUTOS NO TOTAL

400 g de cogumelos variados

300 g de farinha com fermento

2 colheres (sopa) de chutney de manga

2 colheres (sopa) de iogurte natural

2 colheres (sopa) de coco seco ralado

2 limões

1 maço de coentro (30 g)

2 cebolinhas

Leve uma frigideira antiaderente de 28 cm ao fogo médio-alto. Apare os cabos dos cogumelos, pique os maiores, e leve tudo à frigideira quente com um pouco de azeite e 50 ml de água, depois tampe e deixe cozinhar por 5 minutos. Enquanto isso, em uma tigela grande, junte a farinha, uma pitada de sal marinho e 200 ml de água, amasse por alguns minutos e depois modele para ficar do tamanho da sua frigideira.

Destampe a frigideira e adicione o chutney de manga. Sacuda os cogumelos até formarem uma camada homogênea, depois cubra com a massa, apertando os cantos com cuidado. Volte a tampar a frigideira e leve ao fogo médio por 5 minutos ou até inflar e cozinhar. Enquanto isso, bata o iogurte e metade do coco no liquidificador com o sumo de 1 limão. Adicione a maior parte das folhas de coentro e a cebolinha aparada e picada. Bata até ficar homogêneo, depois tempere a gosto, transfira para uma tigelinha e polvilhe o restante do coco por cima. Vire o pão de cogumelos, raspe o que tiver sobrado na frigideira, jogue o restante das folhas de coentro por cima e sirva com gomos de limão, para espremer na hora.

CALORIAS	GORDURA	GORDURA SATURADA	PROTEÍNA	CARBOIDRATOS	AÇÚCARES	SAL	FIBRAS
655 kcal	10,2 g	5,1 g	19 g	129 g	16,3 g	2,3 g	8,1 g

PANELA

ARROZ ROSADO RECONFORTANTE
PIMENTÃO E CEBOLA ROXA ASSADOS, FEIJÃO, LOURO E FETA

SERVE 6 | 10 MINUTOS DE PREPARO/ 1 HORA DE COZIMENTO

3 cebolas roxas

3 pimentões vermelhos

9 folhas frescas de louro

400 g de feijão em lata (tipo *kidney*)

100 g de pasta de tomate seco

450 g de arroz basmati

200 g de queijo feta

160 g de agrião, espinafre e rúcula

Preaqueça o forno a 220°C. Descasque as cebolas e descarte as sementes dos pimentões, depois pique tudo grosseiramente e transfira para uma panela grande e rasa (que possa ir ao forno) com as folhas de louro, 2 colheres (sopa) de azeite, 2 colheres (sopa) de vinagre de vinho tinto, uma pitada de sal marinho e bastante pimenta-do-reino. Misture bem e asse por 30 minutos.

Tire a panela do forno, adicione os feijões com o líquido, 800 ml de água, a pasta de tomate e o arroz. Corte o feta em seis pedaços, adicione à panela com cuidado, tampe e devolva ao forno por mais 30 minutos ou até o arroz cozinhar. Tempere as folhas com um pouco de azeite extravirgem e vinagre de vinho tinto, sal e pimenta, e sirva de acompanhamento.

CALORIAS	GORDURA	GORDURA SATURADA	PROTEÍNA	CARBOIDRATOS	AÇÚCARES	SAL	FIBRAS
536 kcal	18,1 g	6 g	16,9 g	80,6 g	10,2 g	1,4 g	7,2 g

ASSADEIRA

SALADA DE INVERNO

UVAS E MAÇÃS ASSADAS, REPOLHO ROXO, MOSTARDA, NOZES E QUEIJO DE CABRA

SERVE 4 COMO PRATO PRINCIPAL OU 8 COMO ACOMPANHAMENTO | 42 MINUTOS NO TOTAL

4 maçãs

1 salsão

250 g de uvas vermelhas sem semente

½ repolho roxo (500 g)

250 g de grãos mistos cozidos (arroz integral, vermelho, trigo, centeio, quinoa)

30 g de nozes sem casca e sem sal

3 colheres (sopa) de mostarda integral

60 g de queijo de cabra fresco

Preaqueça o forno a 220°C. Corte as maçãs em quatro e descarte o miolo, depois transfira para uma assadeira de 25 cm x 30 cm. Descarte os talos externos do salsão e guarde para usar em outro momento. Pique bem a parte interna e adicione à assadeira, reservando as folhas. Junte as uvas, regue com 1 colher (sopa) de azeite e 1 colher (sopa) de vinagre de vinho tinto, tempere com sal marinho e pimenta-do-reino, misture bem e asse por 30 minutos.

Enquanto isso, rale grosseiramente o repolho e transfira para uma tábua ou para uma travessa. Aqueça os grãos no micro-ondas, depois misture com o repolho e espalhe as nozes por cima. Acrescente a mostarda, regue com 3 colheres (sopa) de vinagre de vinho tinto e misture com cuidado, depois tempere a gosto e espalhe sobre a tábua ou travessa. Quando as frutas estiverem assadas, distribua sobre a salada, depois cubra com o queijo de cabra. Finalize com as folhas de salsão reservadas e um toque de azeite extravirgem, se quiser.

CALORIAS	GORDURA	GORDURA SATURADA	PROTEÍNA	CARBOIDRATOS	AÇÚCARES	SAL	FIBRAS
370 kcal	15,5 g	4 g	10,7 g	47,7 g	29,7 g	1,6 g	8,5 g

ASSADEIRA

MACARRÃO COM COGUMELO E TOFU

HOISIN, GENGIBRE, CEBOLINHAS, PIMENTA EM CONSERVA E CHIPS DE CAMARÃO

SERVE 2 | 41 MINUTOS NO TOTAL

280 g de tofu firme

300 g de cogumelos hiratake

1 maço de cebolinha

5 cm de gengibre

1 colher (sopa) de óleo de pimenta chinês

200 g de bifum

2 colheres (sopa) de molho Hoisin

chips de camarão, para servir

Preaqueça o forno a 200°C. Corte o tofu em oito pedaços iguais e leve, junto com os cogumelos, a uma assadeira de 25 cm × 35 cm. Apare a cebolinha, pique bem a parte verde de cima e reserve para decorar, depois pique a parte branca em pedaços de 3 cm e junte à assadeira. Descasque e rale finamente o gengibre. Adicione 1 colher (sopa) do molho de pimenta e 1 colher (sopa) de azeite. Tempere com sal marinho e pimenta-do-reino, misture bem e asse por 25 minutos. Enquanto isso, quebre o bifum e divida em duas tigelas. Ponha a água para ferver. Cubra o macarrão com a água fervente e deixe por 4 minutos.

Retire a assadeira do forno e empurre todo o conteúdo para um lado. Acrescente o molho Hoisin e raspe o que ficou grudado, depois escorra o macarrão e misture à assadeira. Tempere a gosto e divida o macarrão, o tofu e os vegetais entre as duas tigelas. Espalhe por cima a cebolinha reservada e sirva com os chips de camarão.

VERSÃO VEGETARIANA

Troque os chips de camarão por biscoitos de arroz ou qualquer tipo de chips de vegetais.

CALORIAS	GORDURA	GORDURA SATURADA	PROTEÍNA	CARBOIDRATOS	AÇÚCARES	SAL	FIBRAS
259 kcal	9,6 g	1,3 g	10 g	33 g	4,6 g	1 g	0,5 g

FRIGIDEIRA

TORTA DE BERINJELA

QUEIJO HALLOUMI, MEL, ALCAPARRA, CEBOLA E ORÉGANO

SERVE 4 | 38 MINUTOS NO TOTAL

2 berinjelas (250 g cada)

2 cebolas

2 dentes de alho

½ maço de orégano (10 g)

2 colheres (chá) de alcaparras na salmoura

125 g de queijo Halloumi

2 colheres (sopa) de mel

4 pães pita (320 g no total)

Preaqueça o forno a 200°C. Leve ao fogo médio uma frigideira antiaderente de 30 cm (que possa ir ao forno depois). Corte as berinjelas ao meio no sentido do comprimento; em seguida, para facilitar o processo tanto quanto possível, posicione uma metade por vez com o lado cortado para baixo entre o cabo de duas colheres de pau e fatie com cuidado a intervalos de 0,5 cm — as colheres vão impedir que a lâmina vá até o fim. Transfira as berinjelas para a frigideira com a pele para baixo e adicione 1 colher (sopa) de azeite e 100 ml de água, depois tampe. Deixe cozinhar enquanto você descasca, corta ao meio e fatia finamente as cebolas e descasca e fatia bem o alho. Transfira tudo para a frigideira, tampe e deixe cozinhar por 10 minutos.

Enquanto isso, separe as folhas de orégano. Quando chegar a hora, adicione à frigideira junto com as alcaparras e 1 colher (sopa) de vinagre de vinho tinto. Cozinhe por mais 5 minutos, ou até dourar levemente, depois tempere a gosto. Adicione o queijo Halloumi em pedaços pequenos, regue com 1 colher (sopa) de mel e sacuda a frigideira. Coloque os pães por cima de tudo, sobrepondo um pouco e prendendo nas laterais para formar uma camada. Pressione-os para absorver os sucos, então transfira para o forno por 10 minutos ou até o pão dourar e ficar crocante. Vire a torta, regue com o restante de mel, corte e sirva.

CALORIAS	GORDURA	GORDURA SATURADA	PROTEÍNA	CARBOIDRATOS	AÇÚCARES	SAL	FIBRAS
456 kcal	15,4 g	6,1 g	17 g	63,9 g	19,7 g	1,7 g	8,6 g

ASSADEIRA

SALADA DE CENOURA ASSADA

MEXERICA, AMÊNDOA DEFUMADA, MOLHO DE SALSINHA E RÚCULA

SERVE 4 | **9 MINUTOS DE PREPARO/ 1H30 DE COZIMENTO**

12 cenouras grandes

2 mexericas

2 colheres (sopa) de amêndoas defumadas

½ maço de salsinha (15 g)

8 colheres (sopa) de queijo cottage

1 colher (sopa) de mel

4 pães pita integrais

60 g de rúcula

Preaqueça o forno a 200°C. Raspe a casca das cenouras, depois transfira-as para uma assadeira grande formando uma única camada. Esprema o sumo da mexerica e deixe a fruta na assadeira. Regue com 1 colher (sopa) de azeite, adicione uma pitada de sal marinho e pimenta-do-reino, cubra com papel-alumínio e asse por 1 hora. Retire o papel-alumínio, sacuda a assadeira, e asse por mais 30 minutos ou até amolecer bem. Enquanto isso, bata bem as amêndoas no liquidificador e reserve. No liquidificador, bata a salsinha com os talos, 6 colheres (sopa) de queijo cottage e 1 colher (sopa) de vinagre de vinho tinto até ficar homogêneo, afinando com um pouco de água, se necessário; depois tempere a gosto. Distribua a mistura em uma travessa grande e cubra com o restante do cottage.

Tire as cenouras do fogo, regue com 1 colher (sopa) de mel e 1 colher (sopa) de vinagre de vinho tinto, depois espalhe as amêndoas por cima. Aqueça os pães no forno por alguns minutos; enquanto isso, distribua as cenouras assadas na travessa, jogue a rúcula por cima e regue com o líquido da assadeira. Sirva com o pão.

CALORIAS	GORDURA	GORDURA SATURADA	PROTEÍNA	CARBOIDRATOS	AÇÚCARES	SAL	FIBRAS
340 kcal	9,5 g	2,4 g	12,1 g	53,6 g	21,2 g	1,7 g	11,6 g

FRIGIDEIRA

NINHO CROCANTE DE BATATA

SALADA DE AGRIÃO, TOMATE PICADO E RAIZ-FORTE

SERVE 8 COMO ACOMPANHAMENTO | 24 MINUTOS DE PREPARO/ 2 HORAS DE COZIMENTO

1,5 kg de batata

½ maço de alecrim (10 g)

½ maço de tomilho (10 g)

250 g de tomates-cereja maduros

50 g de agrião

1 colher (sopa) de pasta de raiz-forte

Preaqueça o forno a 180°C. Descasque as batatas e fatie-as tão fino quanto possível, idealmente com 2 mm de espessura. Separe as folhas de alecrim e tomilho e pique finamente. Regue com 2 colheres (sopa) de azeite e misture tudo com uma pitada de sal marinho e pimenta-do-reino. Forre uma frigideira antiaderente de 24 cm (que possa ir ao forno) com papel-manteiga e unte com azeite, depois ponha as batatas, pressione bem, cubra com papel-alumínio e asse por 1h30. Tire do forno e deixe esfriar. Aperte o papel-alumínio por cima de maneira uniforme, usando um prato para comprimir tudo, e deixe na geladeira a noite inteira.

No dia seguinte, preaqueça o forno a 220°C. Tire o papel-alumínio, vire as batatas em uma tábua e remova o papel-manteiga. Com uma faca grande e afiada, corte as batatas em rodelas de 3 cm. Unte a frigideira com 1 colher (sopa) de azeite e vá apertando as batatas de lado como um quebra-cabeças, compactando até encher a frigideira. Asse na grade de baixo do forno por 30 minutos ou até ficar bem dourado e crocante. Enquanto isso, corte os tomates-cereja em quatro e misture com o agrião, a raiz-forte e 1 colher (sopa) de azeite extravirgem e outra de vinagre de vinho tinto, depois tempere a gosto e sirva com as batatas.

CALORIAS	GORDURA	GORDURA SATURADA	PROTEÍNA	CARBOIDRATOS	AÇÚCARES	SAL	FIBRAS
213 kcal	7,3 g	1 g	4,4 g	34,3 g	2,6 g	0,3 g	2,9 g

PANELA

ENSOPADO VEGETARIANO E BOLINHOS
TOFU DEFUMADO, ALHO-PORÓ, ABOBRINHA, MILHO E QUEIJO EM DOBRO

SERVE 4 | 47 MINUTOS NO TOTAL

2 ramos de alecrim

1 alho-poró

2 abobrinhas

450 g de tofu defumado

200 g de farinha com fermento, e mais um pouco

2 espigas de milho

40 g de queijo cheddar (tipo inglês)

4 colheres (sopa) de queijo cottage

Separe e pique bem fino as folhas de alecrim. Corte o alho-poró ao meio no sentido do comprimento e lave, depois corte em pedaços de 3 cm, assim como as abobrinhas e o tofu. Leve uma panela grande e rasa ao fogo médio. Quando estiver quente, coloque 2 colheres (sopa) de azeite, o alecrim e o tofu, e 5 minutos depois o alho-poró e as abobrinhas. Refogue por 10 minutos, mexendo com frequência, para não pegar cor. Enquanto isso, separadamente, misture a farinha e uma pitada generosa de pimenta-do-reino, uma pitada de sal marinho e 120 ml de água morna e misture até formar uma massa. Corte em 12 pedaços iguais e molde bolinhos.

Ponha a água para ferver numa chaleira. À panela, adicione 1 colher (sopa) cheia de farinha, depois corte, com cuidado, as espigas de milho em rodelas de 3 cm e adicione à mistura. Cubra os vegetais com água fervente, devagar e mexendo sempre, então distribua os bolinhos igualmente na panela. Tampe e cozinhe por 15 minutos, mexendo na metade do tempo e cobrindo os bolinhos com o molho. Rale o cheddar por cima, depois misture o cottage e tempere a gosto. Finalize com um toque de azeite extravirgem, se quiser.

CALORIAS	GORDURA	GORDURA SATURADA	PROTEÍNA	CARBOIDRATOS	AÇÚCARES	SAL	FIBRAS
389 kcal	15,7 g	4,5 g	17,3 g	48,1 g	6,1 g	2,6 g	1,3 g

PANELA

SOPA PEDAÇUDA
CENOURA, ESPINAFRE, LEITE DE COCO, COENTRO, CURRY E TORTILHAS

SERVE 4 | 34 MINUTOS NO TOTAL

400 g de cenoura

2 cebolas

1 maço de coentro (30 g)

1 colher (sopa) de pasta de curry madras

150 g de arroz basmati

320 g de folhas de espinafre congelado

400 ml de leite de coco light

4 paparis crus (ou tortilhas de trigo cruas)

Leve uma panela grande e rasa ao fogo médio-alto. Coloque 1 colher (sopa) de azeite. Lave as cenouras, corte-as em pedaços rústicos e adicione; descasque as cebolas, pique e junte às cenouras, temperando com uma pitada de sal marinho e pimenta-do-reino. Deixe cozinhar por 10 minutos, mexendo com frequência. Pique bem e adicione os talos de coentro, reservando as folhas, e, 1 minuto depois, acrescente a pasta de curry, o arroz e o espinafre congelado. Cozinhe por mais 5 minutos, mexendo com frequência.

Acrescente o leite de coco e 1,2 litro de água. Deixe ferver. Rasgue os paparis (ou tortilhas) em pedaços pequenos e adicione à sopa, então tampe e cozinhe por mais 10 minutos. Polvilhe as folhas de coentro, tempere a gosto e sirva.

CALORIAS	GORDURA	GORDURA SATURADA	PROTEÍNA	CARBOIDRATOS	AÇÚCARES	SAL	FIBRAS
366 kcal	11,7 g	6 g	10,5 g	55,9 g	13,6 g	1,3 g	8,9 g

FRIGIDEIRA

BOLINHOS DE TOMATE
ERVAS AROMÁTICAS, FETA E MOLHO DE PIMENTA

SERVE 2 | 20 MINUTOS NO TOTAL

250 g de tomates-cereja maduros

½ maço de salsinha (15 g)

1 colher (chá) de orégano seco

1 cebola roxa

2 colheres (sopa) cheias de farinha

1 ovo grande

molho de pimenta picante

30 g de queijo feta

Corte os tomates em quatro. Separe as folhas de salsinha. Sobre a tábua, misture ambos com o orégano, ½ colher (sopa) de azeite extravirgem e 1 colher (sopa) de vinagre de vinho tinto, depois tempere a gosto com sal marinho e pimenta-do-reino. Divida metade da mistura entre dois pratos, como uma salada, e deixe o restante na tábua.

Leve uma frigideira antiaderente de 30 cm ao fogo médio. Descasque, corte ao meio e fatie em rodelas finas de cebola, em seguida, adicione à mistura da tábua, junto com a farinha, o ovo e um pouco do molho de pimenta. Esmigalhe por cima a maior parte do feta, misture bem, divida tudo em seis e faça bolinhos amassados — vão parecer um pouco grudentos, mas algo mágico vai acontecer ao cozinhá-los. Frite-os em 1 colher (sopa) de azeite por 5 minutos de cada lado, ou até dourar e cozinhar bem. Espalhe o restante do feta sobre a salada e sirva com os bolinhos e mais molho de pimenta, se quiser.

CALORIAS	GORDURA	GORDURA SATURADA	PROTEÍNA	CARBOIDRATOS	AÇÚCARES	SAL	FIBRAS
301 kcal	17,6 g	4,5 g	10,4 g	27,3 g	9,9 g	0,3 g	3,8 g

SEMPRE TEM FRANGO NA NOSSA CESTA DE COMPRAS DA SEMANA. VOU DIVIDIR COM VOCÊ ALGUNS SABORES E TÉCNICAS EMPOLGANTES PARA AJUDAR NO SEU REPERTÓRIO.

ODE AO FRANGO

ASSADEIRA

FRANGO CAJUN

CEBOLA, PIMENTÃO, ARROZ FOFINHO, IOGURTE E RÚCULA

SERVE 4 | **7 MINUTOS DE PREPARO/ 1 HORA DE COZIMENTO**

2 cebolas roxas

3 pimentões coloridos

4 pedaços de coxa e sobrecoxa de frango

1 colher (sopa) de tempero cajun

4 dentes de alho

300 g de arroz basmati

4 colheres (sopa) de iogurte natural

60 g de rúcula

Preaqueça o forno a 200°C. Descasque e corte ao meio as cebolas. Corte os pimentões em pedaços grandes e descarte as sementes e os talos. Coloque em uma assadeira, de 25 cm x 35 cm, com o frango, o tempero cajun e os dentes de alho com casca. Regue com 1 colher (sopa) de azeite e 1 colher (sopa) de vinagre de vinho tinto, tempere com pimenta-do-reino e misture bem, deixando a pele do frango para cima. Asse por 40 minutos.

Ponha a água para ferver. Retire a assadeira do forno e amasse os dentes de alho macios no líquido da própria assadeira, descartando a casca. Despeje em volta do frango o arroz e 600 ml de água fervente. Com cuidado, cubra com papel-alumínio e volte ao forno por 20 minutos ou até que o arroz esteja fofinho e o frango solte facilmente do osso. Tempere a gosto, depois sirva com colheradas de iogurte, rúcula, uma pitada de pimenta-do-reino e um pouco de azeite extravirgem, se quiser.

VERSÃO VEGETARIANA

Substitua o frango por abóbora-manteiga ou berinjela lavadas e cortadas em pedaços grandes, assadas da mesma maneira.

CALORIAS	GORDURA	GORDURA SATURADA	PROTEÍNA	CARBOIDRATOS	AÇÚCARES	SAL	FIBRAS
633 kcal	22,5 g	5,9 g	34,6 g	77,6 g	12,4 g	0,5 g	5,8 g

FRIGIDEIRA

TORTA DE FRANGO E COGUMELOS

FOLHAS VERDES, MOSTARDA, CEBOLINHA E MASSA FOLHADA

SERVE 4 | 33 MINUTOS NO TOTAL

500 g de sobrecoxa de frango sem pele e sem osso

1 maço de cebolinha

320 g de cogumelos variados

320 g de massa folhada crua

600 ml de leite semidesnatado

1 colher (sopa) cheia de farinha

1 colher (sopa) de mostarda integral

80 g de agrião, espinafre e rúcula

Preaqueça o forno a 200°C. Corte o frango em pedaços de 3 cm e leve a uma frigideira antiaderente de 30 cm em fogo médio-alto com 1 colher (sopa) de azeite, mexendo com frequência. Apare a cebolinha, pique em pedaços de 1 cm e adicione à frigideira. Apare e adicione os cogumelos. Cozinhe por 10 minutos ou até dourar, mexendo com frequência.

Enquanto isso, desenrole a massa folhada (sem tirar a película que a envolve) e desenhe uma borda de 3 cm com a ponta da faca (sem perfurar a massa totalmente), depois desenhe um padrão xadrez na parte do meio. Pincele com leite, e leve a massa para assar sobre o papel na grade do meio do forno por 17 minutos ou até dourar, crescer e assar bem. Enquanto a massa estiver assando, prepare o recheio. Na frigideira, ponha a farinha e deixe por 1 minuto, depois adicione o leite gradualmente. Cozinhe em fogo médio, mexendo de vez em quando e afinando com um pouco mais de leite, se necessário. Apague o fogo, adicione a mostarda e metade das folhas, depois tempere a gosto. Retire a massa do forno, deixe esfriar um pouco, e transfira para uma tábua, descartando o papel. Use uma faca afiada para cortar apenas as camadas de cima da massa, deixando as beiradas, formando uma tampa. Use uma espátula para levantar e retirar a parte de cima com cuidado, mantendo uma camada de massa embaixo. Inclua as folhas restantes e recheie, depois volte a tampar, corte e sirva.

VERSÃO VEGETARIANA

Substitua o frango por mais cogumelos!

CALORIAS	GORDURA	GORDURA SATURADA	PROTEÍNA	CARBOIDRATOS	AÇÚCARES	SAL	FIBRAS
679 kcal	36,2 g	13,5 g	39,8 g	48,2 g	39,8 g	1,1 g	4,7 g

PANELA

SOPA DE FRANGO POCHÉ
ESPIGA DE MILHO, CENOURA, ERVILHA, BIFUM E BACON DEFUMADO

SERVE 6 | **8 MINUTOS DE PREPARO/ 2 HORAS DE COZIMENTO**

1 frango inteiro (1,5 kg)

4 fatias de bacon defumado

6 cenouras pequenas

4 espigas de milho

1 maço de alecrim (20 g)

300 g de bifum

400 g de ervilhas congeladas

mostarda, para servir

Ponha o frango inteiro em uma panela grande e funda. Junte o bacon picado grosseiramente. Apare as pontas das cenouras, raspe a casca e adicione-as inteiras. Com cuidado, corte cada espiga de milho em três pedaços e junte à panela, depois cubra com 4 litros de água fria. Tampe a panela, espere ferver e depois cozinhe em fogo médio-baixo por 1h30.

Com uma pinça, transfira o frango com cuidado para um prato, depois divida o bacon, a cenoura e o milho em seis tigelas de servir, mantendo a panela com o caldo no fogão. Acenda o fogo e deixe o caldo ferver. Enquanto isso, com dois garfos, solte toda a carne do frango dos ossos e divida entre as tigelas. Se quiser, retire com uma escumadeira a superfície do caldo, depois amarre o alecrim com barbante culinário e deixe no caldo fervendo por 2 minutos, junto com o bifum e as ervilhas congeladas — o alecrim vai soltar um aroma delicioso. Retire o alecrim, tempere o caldo a gosto e divida o bifum entre as tigelas com a pinça. Distribua as ervilhas e o caldo e sirva com mostarda à parte. Finalize com um toque de azeite extravirgem e mais pimenta-do-reino, se quiser.

CALORIAS	GORDURA	GORDURA SATURADA	PROTEÍNA	CARBOIDRATOS	AÇÚCARES	SAL	FIBRAS
446 kcal	6,9 g	1,8 g	47,1 g	50,3 g	7,9 g	0,6 g	6,8 g

ASSADEIRA

FRANGO ASSADO AGRIDOCE

ARROZ FOFINHO, CINCO ESPECIARIAS CHINESAS, PIMENTÃO, CEBOLA ROXA, ABACAXI E AMENDOIM

SERVE 6 | 12 MINUTOS DE PREPARO/ 1H55 DE COZIMENTO

3 pimentões coloridos

3 cebolas roxas

10 cm de gengibre

cerca de 800 g de abacaxi em rodelas

1 frango inteiro (1,5 kg)

1 colher (sopa) de cinco especiarias chinesas

300 g de arroz basmati

3 colheres (sopa) de amendoim torrado e salgado

Preaqueça o forno a 180°C. Descarte as sementes dos pimentões, descasque as cebolas e pique tudo em pedaços de 3 cm, depois leve a uma assadeira de 25 cm x 35 cm. Adicione o gengibre descascado e bem picado e as fatias de abacaxi. Misture tudo com 2 colheres (sopa) de azeite e 2 colheres (sopa) de vinagre de vinho tinto e uma pitada de sal marinho e pimenta-do-reino. Transfira o frango para a assadeira e envolva nesses líquidos, depois esfregue as cinco especiarias chinesas na carne. Leve a assadeira ao forno e use uma pinça para posicionar o frango diretamente sobre a grelha acima dela. Asse por 1h20 ou até o frango dourar e cozinhar.

Transfira o frango para uma travessa e deixe descansar. Adicione o arroz aos vegetais, depois misture 600 ml de água e despeje na assadeira. Mexa bem, cubra com cuidado com papel-alumínio e volte ao forno por 35 minutos ou até que o arroz esteja fofinho. Quando faltarem 5 minutos, solte toda a carne e a pele crocante dos ossos e misture bem ao arroz e aos vegetais. Esmague os amendoins, polvilhe por cima e sirva.

TROCAS

Você pode usar outras oleaginosas saborosas nesta receita, como castanha-de-caju com mel, amêndoa defumada ou ervilha com wasabi.

CALORIAS	GORDURA	GORDURA SATURADA	PROTEÍNA	CARBOIDRATOS	AÇÚCARES	SAL	FIBRAS
511 kcal	11,1 g	2,2 g	43,6 g	63,4 g	18,8 g	0,7 g	4,8 g

ASSADEIRA

ENSOPADO DE FRANGO RECONFORTANTE

BACON DEFUMADO, VINHO TINTO, TOMILHO, TOMATE E FEIJÃO-BRANCO

SERVE 4 | 13 MINUTOS DE PREPARO/ 1 HORA DE COZIMENTO

- 4 fatias de bacon defumado
- 4 dentes de alho
- 1 colher (sopa) de sementes de erva-doce
- ½ maço de tomilho (10 g)
- 200 ml de vinho tinto
- 800 g de tomate pelado em lata
- 800 g de feijão-branco em conserva
- 4 pedaços de coxa e sobrecoxa de frango

Preaqueça o forno a 190°C. Pique o bacon em pedaços de 2 cm. Descasque e fatie o alho. Leve uma assadeira de 25 cm x 35 cm ao fogo médio-baixo com 1 colher (sopa) de azeite, depois adicione o bacon, o alho e as sementes de erva-doce. Inclua o tomilho e mexa com frequência até dourar levemente, depois despeje o vinho tinto e adicione os tomates, amassando-os com as mãos limpas. Escorra e adicione o feijão-branco, com uma pitada de sal marinho e pimenta-do-reino. Mexa bem e deixe ferver. Tempere os pedaços de coxa e sobrecoxa de frango com sal e pimenta, depois transfira para a assadeira, com a pele para cima. Asse por 1 hora ou até o frango soltar facilmente do osso e o ensopado engrossar e ficar delicioso, mexendo e regando o frango com o líquido da assadeira na metade do tempo. Fica perfeito servido sozinho ou com uma salada verde ou com vegetais no vapor, e com um pão para o molho.

CALORIAS	GORDURA	GORDURA SATURADA	PROTEÍNA	CARBOIDRATOS	AÇÚCARES	SAL	FIBRAS
459 kcal	20,4 g	5,2 g	37,4 g	20,4 g	6,2 g	1,3 g	9,6 g

FRIGIDEIRA

FRANGO SUCULENTO COM TAHINE

ABOBRINHA E CUSCUZ MARROQUINO COM LIMÃO, ALHO, IOGURTE E SALSINHA

SERVE 2 | **24 MINUTOS NO TOTAL**

- 2 abobrinhas coloridas
- 1 limão-siciliano
- 150 g de cuscuz
- 1 maço de salsinha (30 g)
- 2 dentes de alho
- 2 peitos de frango sem pele (150 g cada)
- 2 colheres (sopa) de tahine
- 2 colheres (sopa) de iogurte natural

Ponha a água para ferver. Leve uma frigideira antiaderente de 30 cm ao fogo alto. Apare as extremidades das abobrinhas, corte em quatro no sentido do comprimento e grelhe na frigideira seca por 5 minutos, virando na metade do tempo. Corte ao meio o limão-siciliano e ponha uma metade com o lado cortado para baixo em uma tigela. Espalhe o cuscuz em volta e cubra com 300 ml de água fervente. Pique bem os talos de salsinha, depois regue com o sumo da outra metade do limão-siciliano e reserve. Descasque e fatie finamente o alho. Transfira a abobrinha para a tábua, pique grosseiramente e adicione ao cuscuz, mantendo a frigideira no fogo.

Faça incisões no frango a cada 1 cm no sentido do comprimento, chegando à metade da profundidade, depois esfregue na carne a maior parte do tahine, o alho e a pitada de sal marinho e de pimenta-do-reino. Grelhe na frigideira seca por 4 minutos de cada lado ou até dourar e cozinhar. Use uma pinça para extrair a primeira metade do limão-siciliano e espremer sobre o cuscuz, depois misture com os talos de salsinha e a abobrinha, tempere a gosto e jogue as folhas de salsinha temperadas por cima. Tempere o iogurte com o restante de tahine e um pouco de azeite extravirgem, se quiser, e sirva com o frango.

CALORIAS	GORDURA	GORDURA SATURADA	PROTEÍNA	CARBOIDRATOS	AÇÚCARES	SAL	FIBRAS
596 kcal	15 g	2,9 g	51,8 g	68,8 g	9 g	0,8 g	4,8 g

PANELA

FRANGO ASSADO COM ALECRIM

ALHO-PORÓ, ALHO, SIDRA, FEIJÃO-MANTEIGA, CREME DE LEITE FRESCO E STILTON

SERVE 4 | 15 MINUTOS DE PREPARO/ 50 MINUTOS DE COZIMENTO

- 1 kg de pedaços de coxa e sobrecoxa de frango, com pele e osso
- 3 dentes de alho
- 3 alhos-porós
- 3 ramos de alecrim
- 250 ml de uma boa sidra
- 400 g de feijão-manteiga em conserva
- 30 g de queijo Stilton (ou outro queijo azul)
- 3 colheres (sopa) de creme de leite fresco semidesnatado

Preaqueça o forno a 180°C. Coloque o frango numa panela grande, rasa e fria (que possa ir ao forno) e leve ao fogo alto. Grelhe por 10 minutos, ou até dourar por inteiro, virando com frequência, enquanto você descasca e fatia finamente o alho e lava, apara e fatia bem os alhos-porós. Separe e pique grosseiramente as folhas de alecrim, depois adicione à panela com o alho e o alho-poró. Tempere com sal marinho e pimenta-do-reino, misture bem e cozinhe por alguns minutos para amolecer um pouco. Certifique-se de que a pele do frango esteja virada para cima, depois adicione a sidra e o feijão com só um pouco da água da conserva e asse por 45 minutos ou até que o frango solte facilmente dos ossos.

Leve a panela ao fogo médio-alto. Adicione pedacinhos do queijo e o creme de leite fresco. Misture bem, deixe cozinhar por alguns minutos, depois sirva. Gosto de comer esse prato assim mesmo, sem nada mais, ou com legumes no vapor.

CALORIAS	GORDURA	GORDURA SATURADA	PROTEÍNA	CARBOIDRATOS	AÇÚCARES	SAL	FIBRAS
514 kcal	28 g	9 g	46,7 g	15,3 g	5,3 g	0,5 g	6,1 g

PANELA

FRANGO ASSADO AO MEL

CEBOLA ROXA, ORÉGANO, LARANJA, FETA E PISTACHE

SERVE 4 | 16 MINUTOS DE PREPARO/ 50 MINUTOS DE COZIMENTO

1 kg de pedaços de coxa e sobrecoxa de frango, com pele e osso

2 cebolas roxas

1 maço de orégano (20 g)

2 laranjas

160 g de tomates-cereja maduros

2 colheres (sopa) de mel

20 g de pistache sem sal

20 g de queijo feta

Preaqueça o forno a 180°C. Coloque o frango numa panela grande, rasa e fria (que possa ir ao forno) e leve ao fogo alto. Grelhe por 10 minutos, ou até dourar por inteiro, virando com frequência, enquanto você descasca e pica grosseiramente as cebolas e separa as folhas de orégano. Descasque as laranjas e adicione a casca à panela, depois junte a cebola, o orégano e 2 colheres (sopa) de vinagre de vinho tinto, tempere com sal marinho e pimenta-do-reino e misture bem. Certifique-se de que a pele do frango esteja para cima, depois asse por 45 minutos ou até a carne do frango soltar facilmente dos ossos.

Leve a panela ao fogo médio-alto. Esprema e adicione o sumo das laranjas e os tomates cortados em quatro, deixando ferver e borbulhar. Regue o frango com o mel e polvilhe com os pistaches picadinhos e o feta despedaçado, depois sirva. Gosto de comer este prato com cuscuz marroquino ou uma salada simples.

CALORIAS	GORDURA	GORDURA SATURADA	PROTEÍNA	CARBOIDRATOS	AÇÚCARES	SAL	FIBRAS
442 kcal	23,7 g	6,6 g	42 g	16,3 g	13,6 g	0,9 g	2,5 g

PANELA

FRANGO ASSADO COM PÁPRICA

LOURO, VINAGRE, ALHO, CEBOLA, PIMENTA E MEL

SERVE 4 | **13 MINUTOS DE PREPARO/ 45 MINUTOS DE COZIMENTO**

1 kg de pedaços de coxa e sobrecoxa de frango, com pele e osso

2 cebolas grandes

8 dentes de alho

8 folhas frescas de louro

8 pimentas dedo-de-moça

1 colher (chá) páprica defumada

1 colher (sopa) de mel

Preaqueça o forno a 180°C. Coloque o frango numa panela grande, rasa e fria (que possa ir ao forno) e leve ao fogo alto. Grelhe por 10 minutos, ou até dourar por inteiro, virando com frequência, enquanto você descasca e pica bem as cebolas e adiciona à panela com os dentes de alho com casca e as folhas de louro. Junte as pimentas com as extremidades aparadas e 2 colheres (sopa) de vinagre de vinho tinto, tempere com sal marinho e pimenta-do-reino e misture bem. Certifique-se de que a pele do frango esteja virada para cima, polvilhe a páprica e asse por 40 minutos. Regue o frango com o mel, polvilhe mais páprica, se quiser, depois volte a panela ao forno por 5 minutos ou até a carne do frango soltar facilmente dos ossos. Gosto de servir este prato com pão ou arroz fofinho.

MAIS SABOR

Pimentas assadas inteiras soltam um cheiro delicioso e têm um sabor delicado, que contribui para este prato belamente equilibrado. Tire as pimentas antes de servir, descarte as sementes e a pele, depois pique bem. Devolva algumas ao prato, a gosto. Transfira o restante para um vidro limpo, deixe esfriar, cubra com azeite e use para incrementar outros pratos, como ovos mexidos ou receitas com arroz.

CALORIAS	GORDURA	GORDURA SATURADA	PROTEÍNA	CARBOIDRATOS	AÇÚCARES	SAL	FIBRAS
388 kcal	20,2 g	5,6 g	41 g	11,6 g	6,8 g	0,8 g	2 g

PANELA

FRANGO ASSADO COM MISSÔ

BATATA-DOCE, LIMÃO, CEBOLINHA, GERGELIM E SHOYU

SERVE 4 | 17 MINUTOS DE PREPARO/ 48 MINUTOS DE COZIMENTO

2 colheres (sopa) de sementes de gergelim

1 kg de pedaços de coxa e sobrecoxa de frango, com pele e osso

2 limões

4 batatas-doces pequenas (de 150 g cada)

1 maço de cebolinha

1 colher (sopa) de cogumelos secos, de preferência shitake

1 colher (sopa) de pasta de missô branco

2 colheres (sopa) de molho shoyu light

Preaqueça o forno a 180°C. Ponha uma chaleira de água para ferver. Leve uma panela grande e rasa (que possa ir ao forno) ao fogo médio e, enquanto aquece, toste as sementes de gergelim, depois transfira para um prato. Leve o frango à panela e grelhe por 10 minutos, ou até dourar por inteiro, virando com frequência. Enquanto isso, descasque 1 limão e a batata-doce, cortando-a ao meio no sentido do comprimento. Apare as extremidades da cebolinha e corte a parte mais clara em pedaços de 3 cm, fatiando finamente e reservando a parte superior para decorar. Acrescente a casca de limão, a batata-doce e a cebolinha à panela. Em uma tigela pequena, misture os cogumelos secos e o missô com o shoyu, 2 colheres (sopa) de vinagre de vinho tinto e 200 ml de água fervente, depois transfira para a panela, descartando o que ficar no fundo da tigela. Certifique-se de que a pele do frango virada esteja para cima, depois, asse por 45 minutos ou até a carne do frango soltar facilmente dos ossos e a batata-doce ficar macia.

Leve a panela ao fogo médio-alto. Esprema o sumo do limão por cima e misture bem. Assim que começar a chiar e borbulhar, apague o fogo e raspe o fundo da panela. Polvilhe o gergelim tostado e a cebolinha fatiada e sirva. Gosto de servir este prato com arroz oriental e legumes no vapor.

CALORIAS	GORDURA	GORDURA SATURADA	PROTEÍNA	CARBOIDRATOS	AÇÚCARES	SAL	FIBRAS
509 kcal	22,2 g	6 g	43,6 g	34,4 g	9,2 g	1,8 g	6,2 g

ASSADEIRA

FRANGO ANIMADO À MODA CAESAR

FOCACCIA, BATATA-DOCE, ALFACE-ROMANA, LIMÃO-SICILIANO E PARMESÃO

SERVE 4 | 15 MINUTOS DE PREPARO/ 1H05 DE COZIMENTO

4 batatas-doces (250 g de cada)

1 cabeça de alho

2 limões-sicilianos

4 sobrecoxas de frango, com pele e osso

300 g de focaccia

40 g de queijo parmesão

4 colheres (sopa) de iogurte natural

2 alfaces-romanas

Preaqueça o forno a 180°C. Descasque a batata-doce, corte ao meio no sentido do comprimento e leve a uma assadeira grande com uma cabeça de alho inteira, 1 limão-siciliano cortado ao meio e o frango. Regue com 1 colher (sopa) de azeite, tempere com sal marinho e pimenta-do-reino, e misture bem. Asse por 55 minutos ou até a carne do frango soltar facilmente dos ossos. Corte a focaccia em pedaços.

Retire a assadeira do forno e divida a batata-doce entre os pratos. Transfira o frango, o alho e as metades de limão-siciliano para a tábua e molhe a focaccia no líquido da assadeira. Use a pinça para soltar a pele do frango, pique-a grosseiramente e espalhe sobre a focaccia, depois asse por 10 minutos. Esprema o alho assado até sair da casca e leve ao liquidificador com 30 g de parmesão ralado fino, o sumo do limão-siciliano restante e o iogurte, batendo até ficar homogêneo, depois tempere a gosto. Apare as alfaces e separe as folhas. Despedace o frango, descartando os ossos, e esprema por cima o sumo de meio limão-siciliano assado. Pique bem a outra metade de limão-siciliano assado e descarte as sementes. Divida os croutons de focaccia e a pele crocante do frango entre os pratos. Misture o líquido da assadeira com o frango, a alface e o limão-siciliano picado. Divida entre os pratos e rale o parmesão restante por cima. Finalize com um toque de azeite extravirgem, se quiser.

CALORIAS	GORDURA	GORDURA SATURADA	PROTEÍNA	CARBOIDRATOS	AÇÚCARES	SAL	FIBRAS
689 kcal	20,2 g	5,6 g	37,9 g	89,2 g	15 g	1,8 g	10,7 g

FRIGIDEIRA

FRANGO COM CAPIM-LIMÃO

LIMÃO, TERIYAKI, ALHO, GENGIBRE, LEGUMES CROCANTES E BIFUM

SERVE 2 | 18 MINUTOS NO TOTAL

2 dentes de alho

1 pedaço de gengibre de 6 cm

2 talos tenros de capim-limão

2 peitos de frango sem pele (150 g cada)

200 g de bifum

320 g de vegetais orientais (repolho, cenoura, pimentão, cebola roxa)

molho teriyaki

2 limões

Ponha uma chaleira de água para ferver. Descasque o alho e o gengibre e corte em palitos. Amasse o capim-limão contra a superfície de trabalho, retire e descarte a camada mais externa e fatie bem a parte interna. Abra uma folha grande de papel--manteiga. Coloque os peitos de frango sobre metade da folha e fure-os algumas vezes com a faca — isso ajuda o sabor a penetrar. Tempere com uma pitada de sal marinho e pimenta-do-reino, adicione o alho, o gengibre e o capim-limão e regue com um pouco de azeite. Dobre o papel e amasse com um rolo até chegar a uma espessura de 1,5 cm. Em uma tigela, cubra o macarrão com água fervente.

Leve uma frigideira antiaderente de 30 cm ao fogo alto. Assim que estiver quente, leve o frango até ela, com o lado temperado com o capim-limão para baixo. Grelhe por 3 minutos de cada lado ou até dourar e cozinhar. Quando virar o frango, inclua os vegetais para cozinhar. Escorra o macarrão e divida entre os pratos. Transfira o frango para uma tábua. Regue cada prato de macarrão com frango com 1 colher (sopa) de molho teriyaki e um pouco de azeite extravirgem, se quiser. Adicione 1 colher (sopa) de molho teriyaki e sumo de 1 limão aos vegetais na frigideira e cozinhe por mais 30 segundos, depois jogue por cima do macarrão. Sirva com gomos de limão, para espremer.

CALORIAS	GORDURA	GORDURA SATURADA	PROTEÍNA	CARBOIDRATOS	AÇÚCARES	SAL	FIBRAS
577 kcal	8,8 g	1,6 g	43,8 g	70,2 g	11,1 g	1,5 g	4,6 g

FRIGIDEIRA

FRANGO COM HARISSA

PISTACHE, TOMATE, AZEITONA, COENTRO E CUSCUZ MARROQUINO

SERVE 2 | 17 MINUTOS NO TOTAL

300 g de tomates maduros de cores diferentes

100 g cuscuz marroquino integral

2 peitos de frango sem pele (150 g cada)

½ maço de coentro (15 g)

20 g de pistache sem sal

2 dentes de alho

4 azeitonas verdes

2 colheres (sopa) de harissa

Ponha uma chaleira de água para ferver. Leve uma frigideira antiaderente de 30 cm ao fogo médio-alto. Corte os tomates ao meio, depois regue a frigideira com um pouco de azeite e grelhe os tomates com o lado cortado para baixo por 4 minutos. Enquanto isso, cubra o cuscuz com água fervente em uma tigela e a tampe. Abra uma folha grande de papel-manteiga. Coloque os peitos de frango sobre metade da folha, tempere com sal marinho e pimenta-do-reino, depois dobre o papel e amasse com um rolo até chegar à espessura de 1 cm.

Transfira os tomates para os pratos, limpe bem a frigideira, regue com azeite e adicione o frango. Deixe cozinhar por 3 minutos, jogue algumas folhas de coentro sobre os tomates e pique bem o resto do maço, com talo e tudo, e os pistaches. Descasque e fatie bem o alho. Amasse as azeitonas e descarte os caroços. Vire o frango, cubra com harissa e cozinhe por mais 3 minutos ou até que esteja bem cozido. Ao lado na frigideira, junte 1 colher (sopa) de azeite, o coentro, os pistaches, o alho e as azeitonas; assim que dourar, espalhe sobre o frango. Afofe o cuscuz, tempere a gosto e sirva.

CALORIAS	GORDURA	GORDURA SATURADA	PROTEÍNA	CARBOIDRATOS	AÇÚCARES	SAL	FIBRAS
510 kcal	17,6 g	2,7 g	46,2 g	43 g	7,2 g	1,2 g	7,2 g

PANELA

FRANGO COM CÚRCUMA

ARROZ FOFINHO, BRÓCOLIS, CHUTNEY DE MANGA E ROMÃ

SERVE 4 | 28 MINUTOS NO TOTAL

300 g de arroz basmati

320 g de brócolis ramoso

4 peitos de frango sem osso e sem pele (150 g cada)

6 colheres (sopa) cheias de iogurte

2 colheres (chá) de cúrcuma em pó

1 limão-siciliano

1 romã

2 colheres (sopa) cheias de chutney de manga

Preaqueça o forno a 200°C. Ponha uma chaleira de água para ferver. Leve uma panela grande e rasa (que possa ir ao forno depois) ao fogo alto com o arroz, 600 ml de água fervente e uma pitada de sal marinho. Cozinhe por 5 minutos. Enquanto isso, apare e descarte a base dos brócolis e corte os talos mais grossos ao meio no sentido do comprimento, para cozinhar igualmente. Corte os peitos de frango no sentido do comprimento em tiras de 1 cm de espessura e tempere com metade do iogurte, a cúrcuma, as raspas finas e o sumo de meio limão-siciliano e misture bem.

Coloque os brócolis sobre o arroz, com os talos no meio e os floretes na beirada. Trabalhando do meio para fora, disponha o frango marinado em um círculo, sem apertar demais. Regue com 1 colher (sopa) de azeite e asse por 15 minutos ou até o frango estar bem cozido. Corte a romã ao meio e afine o chutney de manga com um pouco de sumo, depois segure a romã com o lado cortado para baixo e bata no outro lado para que as sementes caiam. Espalhe o chutney de manga, as sementes de romã e o iogurte restante sobre o frango e sirva com gomos de limão-siciliano, para espremer.

VERSÃO VEGETARIANA

Você pode substituir o frango por qualquer vegetal que cozinhe bem em 15 minutos, como aspargos, abobrinha, pimentão ou alcachofras em conserva.

CALORIAS	GORDURA	GORDURA SATURADA	PROTEÍNA	CARBOIDRATOS	AÇÚCARES	SAL	FIBRAS
574 kcal	14,6 g	4,7 g	51,8 g	80,8 g	16,7 g	1,8 g	3,8 g

109

PANELA

FRANGO ASSADO FESTIVO

BACON COM MEL, ABÓBORA, MOLHO DE CASTANHA-PORTUGUESA E SÁLVIA

SERVE 6 | 10 MINUTOS DE PREPARO/ 2 HORAS DE COZIMENTO

- 2 fatias de pão ou panetone (100 g no total)
- 4 fatias de bacon defumado
- 180 g de castanhas-portuguesas cozidas
- 2 abóboras-manteiga (1,2 kg cada)
- 2 cebolas roxas
- 2 maços de sálvia (40 g no total)
- 1 frango inteiro (1,5 kg)
- mel

Preaqueça o forno a 180°C. Coloque em uma panela grande e rasa (que possa ir ao forno) o pão, o bacon e algumas castanhas-portuguesas, regue com um pouco de azeite e leve ao fogo alto. Toste por 10 minutos ou até dourar e ficar crocante, mexendo com frequência, depois passe para o processador de alimentos e deixe esfriar. Enquanto isso, abra cada abóbora no sentido do comprimento e descarte as sementes. Descasque as cebolas e corte em quatro. Leve a maior parte da sálvia ao pilão, com uma boa pitada de sal marinho. Amasse até virar uma pasta, adicione 2 colheres (sopa) de azeite e 2 colheres (sopa) de vinagre de vinho tinto e esfregue no frango todo, por dentro e por fora. Ponha a cebola e as castanhas-portuguesas restantes na panela vazia, depois posicione o frango em cima das castanha-portuguesas. Leve ao forno e asse as abóboras na grade inferior, mantendo o lado cortado para cima. Asse por 1h20 ou até o frango dourar e cozinhar.

Retire a panela do fogo, transfira o frango para uma tábua grande e deixe descansar. Separe as folhas de sálvia restantes, regue com um pouco de azeite e coloque sobre as abóboras, que vão ficar mais 30 minutos no forno. Espalhe mel generosamente no frango. Bata a mistura de pão no processador até formar uma farinha, depois polvilhe sobre o frango. Ponha a água para ferver. Despeje o restante do conteúdo da panela no processador, adicione 300 ml de água fervente e bata até ficar homogêneo. Devolva à panela e cozinhe até a consistência desejada, depois tempere a gosto. Transfira as abóboras para a tábua, encha de molho e aproveite.

CALORIAS	GORDURA	GORDURA SATURADA	PROTEÍNA	CARBOIDRATOS	AÇÚCARES	SAL	FIBRAS
601kcal	30,6 g	7,8 g	37 g	46,6 g	20,8 g	1 g	4,9 g

CONVENIENTES, VERSÁTEIS E FÁCEIS DE COZINHAR, OS OVOS SÃO UMA ÓTIMA OPÇÃO NO CAFÉ DA MANHÃ, NO BRUNCH, NO ALMOÇO OU NO JANTAR. ESPERO QUE ESTE CAPÍTULO SEJA MUITO ÚTIL PARA VOCÊ.

A ALEGRIA
DOS OVOS

ASSADEIRA

YORKSHIRE PUDDING GIGANTE

BRIE E UVA ASSADOS, CEBOLINHA E ESTRAGÃO

SERVE 4 | 15 MINUTOS DE PREPARO/ 40 MINUTOS DE COZIMENTO

150 g de farinha

4 ovos grandes

150 ml de leite semidesnatado

1 maço de cebolinha

320 g de uvas sem semente

50 g de queijo brie

½ colher (chá) de mostarda de Dijon

½ maço de estragão (10 g)

Preaqueça o forno a 220°C. Ponha 1 colher (sopa) de azeite em uma assadeira de 25 cm x 35 cm e leve ao forno para esquentar. Coloque a farinha numa tigela com uma pitadinha de sal marinho, depois adicione os ovos e, gradualmente, o leite e 50 ml de água, até formar uma massa homogênea. Trabalhando rápido, mas com cuidado, tire a assadeira do forno e despeje a massa. Cozinhe por 20 minutos, sem ceder à tentação de abrir o forno.

Enquanto isso, apare a cebolinha e corte em pedaços de 4 cm. Separe as uvas. Fatie o brie. Transfira o yorkshire pudding para uma tábua e distribua a cebolinha e as uvas com cuidado na assadeira quente. Tempere com sal e pimenta-do-reino e asse por 15 minutos ou até dourar um pouco e ficar macio. Cubra o yorkshire pudding com o conteúdo da assadeira, depois limpe-a com cuidado e devolva o yorkshire pudding a ela. Cubra com as fatias de brie e volte ao forno por 5 minutos. Misture a mostarda com um pouco de azeite extravirgem e vinagre de vinho tinto, depois use esse molhinho para temperar as folhas de estragão. Sirva sobre o yorkshire pudding.

INSPIRAÇÃO

Este prato é o sanduíche de brie com uva reimaginado. Assamos para amplificar o sabor e servimos em cima de um yorkshire pudding gigante. Enrole a massa e se delicie.

CALORIAS	GORDURA	GORDURA SATURADA	PROTEÍNA	CARBOIDRATOS	AÇÚCARES	SAL	FIBRAS
368 kcal	15,6 g	5,1 g	15,6 g	44,8 g	16 g	1 g	2,2 g

FRIGIDEIRA

TORTILHA DE LEGUMES

SALSINHA, MAÇÃ CROCANTE E TAPENADE DE AZEITONA PRETA

SERVE 4-6 | 45 MINUTOS NO TOTAL

600 g de batata

8 dentes de alho

1 cebola

2 pimentões coloridos

8 ovos grandes

2 maçãs

2 ramos de salsinha

4-6 colheres (chá) de azeitonas pretas

Leve uma frigideira antiaderente de 28 cm ao fogo médio. Descasque as batatas, corte em 4 no sentido do comprimento, depois faça fatias de 3 mm de espessura. Leve à frigideira com 150 ml de azeite. Descasque e fatie bem o alho. Descasque a cebola e descarte as sementes dos pimentões, depois corte ambos do mesmo tamanho da batata e leve à frigideira com o alho e uma pitada de sal marinho e pimenta-do-reino. Tampe e cozinhe por 10 minutos, mexendo de vez em quando. Tire a tampa e cozinhe por mais 3 minutos ou até dourar levemente e as batatas cozinharem, depois passe tudo por uma peneira, com cuidado. Devolva a frigideira ao fogo médio-baixo.

Em uma tigela grande, bata os ovos com uma pitada de sal e pimenta, depois junte os vegetais peneirados. Regue a frigideira com um pouco de azeite, depois despeje a mistura de ovos. Cozinhe por 8 minutos, então solte a borda com uma espátula. Coloque um prato sobre a frigideira e vire a tortilha com cuidado e confiança, então a devolva à frigideira para cozinhar do outro lado por 5 minutos. Enquanto isso, fatie finamente a maçã e separe as folhas de salsinha, depois tempere com um pouco de azeite extravirgem e vinagre de vinho tinto. Afine a tapenade com um pouco de azeite extravirgem, se quiser. Disponha com cuidado sobre a tortilha, fatie e sirva.

CALORIAS	GORDURA	GORDURA SATURADA	PROTEÍNA	CARBOIDRATOS	AÇÚCARES	SAL	FIBRAS
624 kcal	43,7 g	7,7 g	19,5 g	41,9 g	14,2 g	1,1 g	5,7 g

FRIGIDEIRA

HAMBÚRGUER DE BATATA APIMENTADA

OVO, PAPARI, CEBOLA ROXA, TOMATE E COENTRO

SERVE 4 | 40 MINUTOS NO TOTAL

300 g de batata

1 cebola roxa

2 tomates maduros

½ maço de coentro (15 g)

1 colher (sopa) cheia de pasta de curry tikka masala

4 pães de hambúrguer

3 ovos

2 paparis

Coloque água para ferver. Lave e esfregue a casca das batatas e descasque a cebola, depois corte ambas em cubos de 1 cm e leve a uma frigideira antiaderente de 30 cm em fogo alto. Cubra com água fervente e cozinhe por 10 minutos ou até ficar macio. Enquanto isso, corte os tomates em quatro e descarte as sementes, depois pique grosseiramente a maior parte das folhas de coentro e fatie bem os talos. Escorra a batata e a cebola, depois devolva à frigideira — fora do fogo —, adicione a pasta de curry e amasse grosseiramente. Junte os tomates e as folhas e os talos de coentro, depois tempere a gosto. Corte os pães ao meio e divida a mistura entre eles. Limpe bem a frigideira.

Bata os ovos em uma tigela grande e rasa, levemente temperados, depois acrescente os paparis picados. Mergulhe os sanduíches na mistura de ovos, virando para cobrir bem e apertando para segurar qualquer recheio que possa escapar. Leve a frigideira ao fogo médio. Quando estiver quente, adicione 1 colher (sopa) de azeite, em seguida leve os sanduíches à frigideira, regue com o que sobrar da mistura de ovos e aperte com uma espátula. Cozinhe por alguns minutos de cada lado ou até dourar e o ovo estiver bem cozido, empurrando os pães para os cantos da frigideira para selar as laterais. Polvilhe com o restante das folhas de coentro e devore!

CALORIAS	GORDURA	GORDURA SATURADA	PROTEÍNA	CARBOIDRATOS	AÇÚCARES	SAL	FIBRAS
341 kcal	11,2 g	2,1 g	12,6 g	46,8 g	8,6 g	1,3 g	4,2 g

119

FRIGIDEIRA

SHAKSHUKA COM COGUMELOS

LINGUIÇA, FEIJÃO-BRANCO, TOMATE-CEREJA, FETA E SALSINHA

SERVE 2 | 15 MINUTOS NO TOTAL

250 g de cogumelos-de-paris

10 g de chorizo ou linguiça-calabresa

½ maço de salsinha (15 g)

400 g de feijão-branco em conserva

100 g de tomates-cereja maduros

4 ovos

20 g de queijo feta

Apare a base dos cogumelos (eles vão ficar com um corte lindo, como na foto) e reserve. Ponha-os com a parte do talo para baixo em uma frigideira de 28 cm em fogo médio-alto e regue com um pouco de azeite. Acrescente a linguiça picadinha, depois as aparas dos cogumelos, os talos de salsinha e a maior parte das folhas. Cozinhe até os cogumelos dourarem, mexendo de vez em quando.

Adicione o feijão-branco à frigideira com metade do líquido da conserva e amasse alguns com o garfo para uma textura mais cremosa. Junte os tomates cortados ao meio, tempere a gosto, depois abra buracos na mistura e quebre os ovos neles. Cozinhe com tampa no fogo médio por 3 minutos ou até os ovos estarem no ponto desejado. Adicione o queijo feta, as folhas de salsinha reservadas e uma pitada de pimenta-do-reino. Finalize com um pouco de azeite extravirgem, se quiser. Fica ótimo com torrada de pão integral.

VERSÃO VEGETARIANA

Substitua a linguiça-calabresa por uma pitada de páprica.

CALORIAS	GORDURA	GORDURA SATURADA	PROTEÍNA	CARBOIDRATOS	AÇÚCARES	SAL	FIBRAS
338 kcal	17,9 g	5,5 g	25,8 g	15,6 g	2,6 g	0,9 g	10,2 g

FRIGIDEIRA

SHAKSHUKA COM BERINJELA

FEIJÃO-PRETO, *RAS EL HANOUT*, QUEIJO DE CABRA, PIMENTA E COENTRO

SERVE 2 | 23 MINUTOS NO TOTAL

1 berinjela (250 g)

1 cebola roxa

1 pimenta dedo-de-moça

½ maço de coentro (15 g)

ras el hanout

400 g de feijão-preto em conserva

4 ovos

20 g de queijo de cabra fresco

Leve a água para ferver. Apare as berinjelas e divida-as em 6 rodelas grossas. Descasque a cebola e corte em quatro, depois separe as pétalas. Corte a pimenta em fatias grossas. Pique bem os talos de coentro, reservando as folhas. Coloque tudo em uma frigideira de 28 cm em fogo médio-alto, com um pouco de azeite, uma pitada de sal marinho, outra de *ras el hanout* e 150 ml de água fervente. Tampe e cozinhe por 10 minutos.

Tire a tampa e deixe o excesso de líquido evaporar. Quando começar a chiar e dourar, vire a berinjela, depois adicione o feijão-preto e metade do líquido da conserva. Deixe cozinhar, tempere a gosto e abra buracos para os ovos. Cozinhe com tampa em fogo médio por 3 minutos ou até os ovos estarem no ponto desejado. Polvilhe um pouco de *ras el hanout*, adicione o queijo de cabra e finalize com as folhas de coentro e um pouco de azeite extravirgem, se quiser. Fica ótimo com torrada integral.

CALORIAS	GORDURA	GORDURA SATURADA	PROTEÍNA	CARBOIDRATOS	AÇÚCARES	SAL	FIBRAS
364 kcal	17 g	5,3 g	25,5 g	24 g	9 g	1,1 g	18,6 g

FRIGIDEIRA

SHAKSHUKA VERDE

ASPARGOS E BRÓCOLIS, HORTELÃ, HARISSA E COTTAGE

SERVE 2 | 18 MINUTOS NO TOTAL

½ maço de aspargos (175 g)

½ brócolis-ninja (175 g)

1 batata (175 g)

1 dente de alho

2 colheres (chá) de harissa

4 ovos

2 colheres (sopa) de queijo cottage

2 ramos de hortelã fresca

Ponha uma chaleira de água para ferver. Leve uma frigideira de 28 cm ao fogo médio-alto. Apare e descarte as extremidades lenhosas dos aspargos, depois pique bem os talos, deixando as pontas inteiras. Apare e pique finamente o talo do brócolis, quebrando o restante do vegetal em pedaços menores. Coloque os talos na frigideira com um pouco de azeite e mexa com frequência. Adicione a batata descascada e cortada em palitos e depois o alho descascado e bem fatiado. Cozinhe por 5 minutos e em seguida junte 1 colher (chá) de harissa e 300 ml de água fervente.

Deixe ferver e reduzir até que reste apenas 0,5 cm de líquido na frigideira. Tempere a gosto, adicione os pedaços restantes de brócolis com cuidado, tampe e cozinhe por 3 minutos. Junte as pontas dos aspargos e então abra buracos para os ovos. Cozinhe com tampa em fogo médio por 3 minutos ou até os ovos estarem no ponto desejado. Cubra com o cottage, o restante da harissa e as folhas de hortelã e finalize com uma pitada de pimenta-do-reino e um pouco de azeite extravirgem, se quiser. Fica ótimo com torrada integral.

CALORIAS	GORDURA	GORDURA SATURADA	PROTEÍNA	CARBOIDRATOS	AÇÚCARES	SAL	FIBRAS
333 kcal	17,9 g	5,6 g	23,4 g	22,8 g	5,1 g	0,7 g	5,9 g

FRIGIDEIRA

SHAKSHUKA COM SARDINHA E FUNCHO

TOMATE-CEREJA, CUSCUZ FOFINHO, LIMÃO-SICILIANO E AZEITONA

SERVE 2 | 21 MINUTOS NO TOTAL

1 bulbo de funcho pequeno (175 g)

125 g de sardinha em conserva de óleo

400 g de tomates-cereja maduros

50 g de cuscuz marroquino

4 ovos

4 azeitonas

½ limão-siciliano

Leve a água para ferver. Apare o funcho e fatie-o bem fino, reservando as folhas. Coloque-o em uma frigideira de 28 cm em fogo médio-alto com um pouco do óleo da conserva de sardinha. Cozinhe por 5 minutos, mexendo com frequência. Corte os tomates ao meio e junte-os à frigideira. Cozinhe por mais 2 minutos, depois acrescente 150 ml de água fervente, tampe e cozinhe por 5 minutos. Tempere a gosto, mexa bem o cuscuz e abra espaço para os ovos. Adicione as azeitonas, sem caroço e despedaçadas. Cozinhe com tampa em fogo médio por 3 minutos ou até os ovos estarem no ponto desejado.

Espalhe a sardinha, cubra com as folhas reservadas do funcho e finalize com um pouco de azeite extravirgem, se quiser. Sirva com gomos de limão-siciliano, para espremer. Fica bom com molho de pimenta, se quiser deixar mais picante.

CALORIAS	GORDURA	GORDURA SATURADA	PROTEÍNA	CARBOIDRATOS	AÇÚCARES	SAL	FIBRAS
465 kcal	23,8 g	5,6 g	33,3 g	33,5 g	7,9 g	1,3 g	6,2 g

FRIGIDEIRA

SHAKSHUKA COM GRÃO-DE-BICO

CASTANHA-DE-CAJU, CEBOLINHA, ESPINAFRE E IOGURTE

SERVE 2 | 13 MINUTOS NO TOTAL

30 g de castanha-de-caju sem sal

1 maço de cebolinha

2 colheres (chá) cheias de pasta de curry korma

400 g de grão-de-bico em conserva

1 colher (sopa) de creme de coco

100 g de espinafre baby

4 ovos

2 colheres (sopa) de iogurte natural

Leve a castanha-de-caju a uma frigideira de 28 cm em fogo médio-alto. Apare a cebolinha, corte em pedaços de 2 cm e adicione à frigideira com a pasta de curry. Cozinhe por 5 minutos ou até dourar levemente, mexendo com frequência, depois acrescente o grão-de-bico com o líquido e o creme de coco. Junte o espinafre, deixe ferver, depois use um amassador de batata em metade do grão-de-bico. Tempere a gosto e abra buracos para os ovos. Cozinhe com tampa em fogo médio por 3 minutos, ou até os ovos estarem no ponto desejado.

Finalize com colheradas de iogurte, uma pitada de pimenta-do-reino e um toque de azeite extravirgem, se quiser. Fica ótimo com torrada integral.

CALORIAS	GORDURA	GORDURA SATURADA	PROTEÍNA	CARBOIDRATOS	AÇÚCARES	SAL	FIBRAS
443 kcal	26,1 g	7,3 g	26,5 g	26,7 g	6,2 g	0,8 g	6,6 g

FRIGIDEIRA

FRITADA DE MACARRÃO

ABOBRINHA, ERVILHA, HORTELÃ, MOZARELA DE BÚFALA E PARMESÃO

SERVE 6 | 51 MINUTOS NO TOTAL

2 abobrinhas	1 maço de hortelã fresca (30 g)
4 dentes de alho	60 g de queijo parmesão
300 g de ervilhas congeladas	8 ovos grandes
200 g de espaguete	1 bola de mozarela de búfala (125 g)

Preaqueça o forno a 220°C. Leve ao fogo médio uma frigideira antiaderente de 28 cm que possa ir ao forno depois. Apare as abobrinhas e corte no sentido do comprimento em fatias de 1 cm de espessura, depois em cubos de 1 cm. Descasque e pique bem o alho. Leve ambos à frigideira com 1 colher (sopa) de azeite e cozinhe por 10 minutos, ou até amolecer, mexendo de vez em quando. Ponha uma chaleira de água para ferver. Junte as ervilhas congeladas à frigideira, tempere com sal marinho e pimenta-do-reino, acrescente o espaguete e 500 ml de água fervente e tampe. Cozinhe por 10 minutos.

Enquanto isso, separe e pique finamente as folhas de hortelã, rale bem o parmesão e leve ambos a uma tigela grande. Bata bem os ovos com um garfo, depois tempere e rasgue a mozarela de búfala e junte aos ovos. Quando toda a água tiver sido absorvida, junte o conteúdo da frigideira aos ovos, misture bem e devolva à frigideira. Leve ao forno para assar por 20 minutos. Vire com cuidado e coma quente, morna ou fria. Fica deliciosa acompanhada de uma salada verde bem temperada.

CALORIAS	GORDURA	GORDURA SATURADA	PROTEÍNA	CARBOIDRATOS	AÇÚCARES	SAL	FIBRAS
396 kcal	19,3 g	7,8 g	25,6 g	33,4 g	4 g	1 g	4,1 g

FRIGIDEIRA

OVOS FRITOS COM MOLHO DE PIMENTA

ARROZ, LINGUIÇA, BACON, CEBOLINHA, MOLHO HP E TORRADA

SERVE 2 | 15 MINUTOS NO TOTAL

2 linguiças de porco

2 fatias de bacon defumado

4 cebolinhas

1 colher (sopa) de molho HP

250 g de arroz cozido

3 colheres (sopa) de molho de pimenta

2 ovos

3 fatias de pão de fermentação natural

Leve uma frigideira antiaderente de 30 cm ao fogo médio-alto. Tire a pele da linguiça e transfira o recheio para a frigideira. Adicione o bacon picado grosseiramente. Cozinhe até dourar, mexendo de vez em quando e quebrando a carne da linguiça com a colher. Apare a cebolinha, pique em pedaços de 1 cm e leve à panela com o molho HP. Deixe cozinhar por 2 minutos, depois adicione o arroz. Continue mexendo com frequência por 2 minutos, então afaste o arroz para um lado da frigideira. Acrescente o molho de pimenta, depois quebre os ovos por cima. Tampe e cozinhe até os ovos chegarem ao ponto desejado, enquanto torra o pão. Tempere os ovos com pimenta-do-reino, corte as torradas em tiras e sirva bem no meio da mesa. Seus sortudos!

VERSÃO VEGETARIANA

Use linguiça vegetariana e cogumelos picados no lugar da linguiça de porco e do bacon, e cozinhe com um pouco de azeite.

CALORIAS	GORDURA	GORDURA SATURADA	PROTEÍNA	CARBOIDRATOS	AÇÚCARES	SAL	FIBRAS
555 kcal	21,4 g	6,1 g	25,1 g	67,8 g	5,6 g	2 g	0,7 g

É SÓ PÔR QUALQUER RECHEIO NUM PÃO E TODO MUNDO ADORA. ESTAS SÃO AS COMBINAÇÕES QUE MAIS USO, COM SABORES E TEXTURAS QUE VÃO LEVAR UM SORRISO AO SEU ROSTO.

HAMBÚRGUERES E SANDUÍCHES

FRIGIDEIRA

HAMBÚRGUER RECHEADO
QUEIJO DERRETIDO, PIMENTÃO, MOSTARDA E PICLES

SERVE 4 | 28 MINUTOS NO TOTAL

400 g de carne bovina moída

250 g de lentilhas cozidas

50 g de picles de pepino e cebola

100 g de queijo cheddar (tipo inglês)

1 pimentão vermelho em conserva

2 colheres (sopa) de mostarda de Dijon

4 pães de hambúrguer

No processador, bata a carne moída, a lentilha e metade do picles com uma pitada de pimenta-do-reino até misturar bem. Corte uma folha grande de papel-manteiga em quatro e, com as mãos limpas, divida a mistura em partes iguais transformando em bolas de 15 cm de diâmetro. Leve uma frigideira antiaderente de 30 cm ao fogo médio-alto. Rale o queijo, pique bem o restante do picles e o pimentão, divida em quatro porções e ponha em cima de cada bola. Cubra com a carne e aperte para fechar bem, depois molde hambúrgueres de 3 cm de espessura. Pincele com azeite e cozinhe na frigideira quente por 1 minuto de cada lado. Pincele com mostarda e cozinhe por mais 1 minuto, depois vire e repita o processo, levando os hambúrgueres para o canto da frigideira para selar as laterais também.

Abra os pães e coloque os hambúrgueres dentro, depois — e isso é vital nesta receita — corte os sanduíches ao meio e toste os lados cortados por 30 segundos, até dourar bem. Fica ótimo com salada verde.

DICA
Ao usar lentilhas na receita, você diminui a quantidade de carne, mas o hambúrguer continua substancioso. Sinta-se livre para mudar o recheio aproveitando seus alimentos preferidos.

CALORIAS	GORDURA	GORDURA SATURADA	PROTEÍNA	CARBOIDRATOS	AÇÚCARES	SAL	FIBRAS
717 kcal	33,2 g	13,5 g	42,3 g	61,1 g	9,2 g	2,3 g	2,7 g

FRIGIDEIRA

HAMBÚRGUER VEGETARIANO RECHEADO

MIX DE GRÃOS, QUEIJO DERRETIDO, MARMITE, MOSTARDA E PICLES

SERVE 4 | **33 MINUTOS NO TOTAL**

500 g de mix de grãos cozidos (arroz integral, vermelho, trigo, centeio, quinoa)

1 colher (chá) de Marmite

2 colheres (sopa) de farinha, e mais um pouco para polvilhar

50 g de picles de pepino e cebola

5 ovos grandes

100 g de queijo Red Leicester (ou cheddar inglês)

2 colheres (sopa) de mostarda

4 pães de hambúrguer

No processador, bata os grãos, o Marmite, a farinha, metade do picles, 1 ovo e uma pitada de pimenta-do-reino, até misturar bem. Polvilhe farinha em uma folha grande de papel-manteiga; depois, com as mãos limpas, divida a mistura em quatro partes iguais e molde círculos de 15 cm. Leve uma frigideira antiaderente de 30 cm ao fogo médio-alto. Rale o queijo, pique finamente o restante do picles, adicione mais um pouco de Marmite, se gostar, depois divida entre os hambúrgueres, colocando bem no meio para recheá-los. Com as mãos úmidas, molde com cuidado hambúrgueres de 3 cm de espessura. Pincele com azeite e grelhe na frigideira quente por 1 minuto e meio de cada lado. Pincele com mostarda e cozinhe por mais 1 minuto, então vire e repita, levando os hambúrgueres para o canto da frigideira para selar as laterais também.

Abra os pães e ponha os hambúrgueres dentro, depois — e isso é vital nesta receita — corte os sanduíches ao meio e toste os lados cortados por 30 segundos, até dourar bem. Limpe a frigideira rapidamente, acenda o fogo, regue com azeite e grelhe os ovos no ponto desejado. Fica ótimo com salada.

CALORIAS	GORDURA	GORDURA SATURADA	PROTEÍNA	CARBOIDRATOS	AÇÚCARES	SAL	FIBRAS
738 kcal	27,9 g	9,9 g	23,6 g	86,8 g	5,4 g	2,9 g	8,8 g

FRIGIDEIRA

HAMBÚRGUER DE MILHO

COTTAGE, PIMENTA, CEBOLINHA, FOLHAS VERDES E PÃO

SERVE 4 | 16 MINUTOS NO TOTAL

325 g de milho em lata

2 colheres (sopa) cheias de farinha com fermento

5 colheres (sopa) cheias de queijo cottage

2 ovos grandes

2 cebolinhas

1-2 pimentas dedo-de-moça

4 pães de hambúrguer integrais

40 g de agrião, espinafre e rúcula

Leve uma frigideira antiaderente de 30 cm ao fogo médio-alto. Escorra o milho, seque-o com papel-toalha ou com um pano de prato limpo e coloque em uma tigela com a farinha e 1 colher (sopa) de queijo cottage. Adicione os ovos e uma pitada de sal marinho e pimenta-do-reino, misturando bem. Regue a frigideira quente com um pouco de azeite, depois coloque a massa dividida em quatro, deixando cada parte mais ou menos do tamanho dos pães. Cozinhe por 4 minutos de cada lado ou até dourar, apertando depois de virar. Enquanto isso, apare a cebolinha e descarte as sementes dos pimentões, depois pique tudo e misture com 2 colheres (sopa) de vinagre de vinho tinto em uma tigela pequena.

Abra os pães. Empilhe os hambúrgueres de milho para conseguir tostar rapidamente os pães ao lado. Passe o restante do queijo cottage na parte de baixo dos pães, depois coloque o hambúrguer de milho em cima. Divida o agrião, o espinafre e a rúcula e polvilhe generosamente com cebolinha e pimenta — como o hambúrguer de milho é docinho, ele consegue lidar bem com a picância. Feche os sanduíches, aperte um pouco e aproveite.

CALORIAS	GORDURA	GORDURA SATURADA	PROTEÍNA	CARBOIDRATOS	AÇÚCARES	SAL	FIBRAS
312 kcal	9 g	3,3 g	15,3 g	41,1 g	6,6 g	1,5 g	4,8 g

FRIGIDEIRA

HAMBÚRGUER DE FRANGO APIMENTADO

PEPINO, ENDRO, JALAPEÑO E SOUR CREAM

SERVE 2 | 14 MINUTOS NO TOTAL

- 2 sobrecoxas de frango sem pele e sem osso
- 4 colheres (chá) de molho de pimenta piri piri
- 1 colher (sopa) cheia de farinha sem glúten com fermento
- ¼ de pepino
- ½ maço de endro (10 g)
- 8 pimentas jalapeño verdes em fatias
- 2 pães de hambúrguer
- 2 colheres (sopa) de sour cream

Leve uma frigideira antiaderente de 30 cm ao fogo médio-alto. Fatie o frango em tiras de 1 cm de espessura e misture com 2 colheres (chá) de molho de pimenta piri piri, depois a farinha. Regue a frigideira com um pouco de azeite e frite o frango empanado por 8 minutos ou até dourar e cozinhar bem, virando com frequência.

Enquanto isso, com um descascador de legumes, faça finas fitas do pepino e transfira para uma tigela. Separe as folhas de endro e adicione junto com a pimenta jalapeño e um pouco do líquido da conserva. Misture e tempere a gosto. Abra os pães de hambúrguer, toste levemente ao lado do frango, depois divida e espalhe o sour cream nas partes de baixo. Recheie com o frango crocante, regue com o restante de molho piri piri e adicione o picles rápido em cima. Feche os sanduíches e mande ver.

CALORIAS	GORDURA	GORDURA SATURADA	PROTEÍNA	CARBOIDRATOS	AÇÚCARES	SAL	FIBRAS
382 kcal	13,4 g	4 g	22,8 g	42 g	5,7 g	1,8 g	2,2 g

> FRIGIDEIRA

HAMBÚRGUER DE BERINJELA À PARMEGIANA

PARMESÃO, TOMATE SECO, MANJERICÃO E MOZARELA DE BÚFALA

SERVE 2 | **15 MINUTOS NO TOTAL**

1 berinjela grande (400 g)

1 ovo grande

30 g de queijo parmesão

1 bola de mozarela de búfala (125 g)

2 tomates secos grandes

2 ramos de manjericão

2 pães de hambúrguer

Leve uma frigideira antiaderente de 30 cm ao fogo médio-alto. Corte no sentido do comprimento duas fatias de 2 cm de espessura de berinjela (guarde o restante para outro prato), tempere com sal marinho e coloque na frigideira seca para grelhar por 3 minutos de cada lado. Enquanto isso, bata o ovo em uma tigela rasa. Rale bem o parmesão sobre a tábua. Escorra e fatie a mozarela de búfala. Pique grosseiramente os tomates secos. Separe as folhas de manjericão.

Mergulhe as fatias de berinjela grelhadas no ovo até cobrir bem, adicione o parmesão e aperte para ajudar a grudar. Regue a frigideira quente com um pouco de azeite, depois cozinhe a berinjela empanada por 1 minuto e meio. Vire, disponha a mozarela de búfala, o tomate seco e a maior parte das folhas de manjericão em metade de cada pedaço e dobre a outra metade sobre o recheio para formar seu hambúrguer, virando a cada 30 segundos, até dourar. Transfira para um prato. Abra os pães e toste-os rapidamente na frigideira, coloque o hambúrguer de berinjela sobre a base, cubra com o restante das folhas de manjericão, feche o sanduíche e devore.

CALORIAS	GORDURA	GORDURA SATURADA	PROTEÍNA	CARBOIDRATOS	AÇÚCARES	SAL	FIBRAS
604 kcal	30,1 g	14,6 g	22,6 g	53,1 g	7,7 g	2,5 g	10,6 g

FRIGIDEIRA

HAMBÚRGUER DE PEIXE CROCANTE

COQUETEL DE CAMARÃO, LIMÃO-SICILIANO E ALFACE

SERVE 2 | 14 MINUTOS NO TOTAL

50 g de farinha sem glúten com fermento

1 limão-siciliano

2 filés de peixe branco sem pele e sem espinhas (100 g cada)

1 colher (sopa) de ketchup

2 colheres (sopa) de maionese light

100 g de camarões cozidos sem casca

1 alface-romana pequena

2 pães de hambúrguer

Leve uma frigideira antiaderente de 30 cm ao fogo médio-alto. Em uma tigela, ponha a farinha, raspas de ½ limão-siciliano, uma pitadinha de sal marinho e de pimenta-do-reino e vá adicionando água — cerca de 75 ml — até formar uma massa densa que cubra as costas da colher. Corte os filés de peixe ao meio no sentido do comprimento, depois mergulhe os pedaços na massa, deixando escorrer o excesso. Regue a frigideira quente com um pouco de azeite e grelhe o peixe por 4 minutos de cada lado ou até dourar e ficar crocante.

Enquanto isso, em outra tigela, faça um molho rápido misturando o ketchup e a maionese com um toque de sumo de limão-siciliano. Tempere a gosto e adicione os camarões. Apare a alface e separe as folhas. Empurre o peixe para um lado da panela, abra os pães e toste-os rapidamente. Passe o coquetel de camarão na parte de baixo do pão, depois ponha a alface e o peixe. Feche os sanduíches e sirva com gomos de limão-siciliano, para espremer.

CALORIAS	GORDURA	GORDURA SATURADA	PROTEÍNA	CARBOIDRATOS	AÇÚCARES	SAL	FIBRAS
288 kcal	8,3 g	1 g	29,2 g	24,3 g	3,7 g	1 g	1,3 g

SANDUÍCHES RÁPIDOS DE PÃO-FOLHA

CADA COMBINAÇÃO SERVE 1 | 13 MINUTOS NO TOTAL

Sabe aqueles dias em que você precisa comer rapidinho, mas o pão acabou? Não se preocupe! Este é o truque perfeito para garantir que você tenha algo delicioso para rechear com o que quiser. Nas páginas que seguem, dou três ideias de combinações, mas você pode criar a sua. Divirta-se!

Comece preparando o recheio que escolher (pp. 149-51). Leve uma frigideira antiaderente de 24 cm ao fogo médio. Misture 4 colheres (sopa) de farinha para pão, 1 colher (chá) de fermento em pó, uma pitada de sal marinho, 1 colher (sopa) de iogurte natural e 4 colheres (sopa) de água, até formar uma massa homogênea. Regue a frigideira quente com um pouco de azeite, depois use uma espátula para espalhar a massa com cuidado e de maneira uniforme pela base da frigideira. Quando começar a cozinhar, espalhe um pouco de azeite nas laterais da frigideira; quando formar bolhas, solte as beiradas com a espátula e sacuda o pão na frigideira. Cubra com seu recheio preferido, adicione uma pitada de pimenta-do-reino e dobre o pão ao meio. Reduza para fogo baixo e cozinhe por mais 2 minutos de cada lado, até dourar, depois transfira para um prato, deixe esfriar por 1 minuto, corte e aproveite.

PRESUNTO E QUEIJO

20 g de queijo gouda ou cheddar (tipo inglês)

1 fatia de presunto defumado

4 cebolinhas-francesas

50 g de tomates-cereja maduros

mostarda, a gosto

Rale o queijo. Rasgue o presunto. Pique bem a cebolinha-francesa. Corte o tomate em quatro, depois siga a receita da p. 148 para fazer o pão.

CALORIAS	GORDURA	GORDURA SATURADA	PROTEÍNA	CARBOIDRATOS	AÇÚCARES	SAL	FIBRAS
459 kcal	16,7 g	6 g	17,7 g	63,7 g	4,1 g	1,6 g	3,1 g

ATUM E FEIJÃO-BRANCO

¼ de uma cebola roxa pequena

½ pimenta dedo-de-moça

1 colher (sopa) de feijão-branco cozido

10 g de queijo Red Leicester (ou cheddar inglês)

20 g de atum em conserva de óleo

Descasque a cebola e pique bem com a pimenta. Amasse levemente o feijão-branco. Rale o queijo. Despedace o atum, depois siga a receita da p. 148 para fazer o pão.

CALORIAS	GORDURA	GORDURA SATURADA	PROTEÍNA	CARBOIDRATOS	AÇÚCARES	SAL	FIBRAS
454 kcal	13,7 g	4 g	19,3 g	67,1 g	5,3 g	1,1 g	4,3 g

RICOTA E PIMENTÃO

2 azeitonas pretas

½ pimentão vermelho assado em conserva

1 ramo de manjericão

1 colher (sopa) cheia de ricota

molho de pimenta chipotle, a gosto

Amasse as azeitonas e descarte o caroço. Fatie o pimentão. Separe e rasgue as folhas de manjericão, depois siga a receita da p. 148 para fazer o pão.

CALORIAS	GORDURA	GORDURA SATURADA	PROTEÍNA	CARBOIDRATOS	AÇÚCARES	SAL	FIBRAS
442 kcal	15,4 g	5 g	14,9 g	64,6 g	4,6 g	1,1 g	2,9 g

FRIGIDEIRA

QUESADILLA RÁPIDA
QUEIJO, JALAPEÑO E SALADA DE REPOLHO ROXO

SERVE 2 COMO ALMOÇO OU 4 COMO LANCHE | 9 MINUTOS NO TOTAL

1 maçã

1 cenoura pequena

4 rabanetes

1 bulbo de funcho pequeno (175 g)

¼ de repolho roxo pequeno (200 g)

2 tortilhas integrais grandes

60 g de queijo Red Leicester (ou cheddar inglês)

jalapeño verde fatiado em conserva

Regue uma travessa grande com 2 colheres (sopa) de vinagre de vinho tinto e 2 colheres (chá) de azeite extravirgem. Rale grosseiramente a maçã e a cenoura lavadas e com casca, os rabanetes (reservando as folhas bonitas) e o funcho (reservando quaisquer folhas superiores). Depois rale o repolho roxo e misture tudo com a ponta dos dedos; em seguida tempere a gosto.

Leve uma frigideira antiaderente de 30 cm ao fogo médio-alto. Coloque uma tortilha na frigideira, queijo ralado grosseiramente e um pouco de jalapeño a gosto, depois cubra com outra tortilha. Toste por 2 minutos, vire e toste por mais 1 minuto. Corte a tortilha em quatro, pressione para espalhar o queijo e transfira para o prato.

TROCAS

Quesadilla é um prato rápido e superversátil: sinta-se livre para rechear com o que quiser. Fica ótima com sobras de carne e feijão amassado.

CALORIAS	GORDURA	GORDURA SATURADA	PROTEÍNA	CARBOIDRATOS	AÇÚCARES	SAL	FIBRAS
440 kcal	18,2 g	8,6 g	16,4 g	52,3 g	15,3 g	1,4 g	12,5 g

PEIXES SÃO UMA FONTE DE PROTEÍNA FANTÁSTICA, POR ISSO, DEVEMOS CONSUMI--LOS EM MAIOR QUANTIDADE E VARIEDADE. APRESENTO A SEGUIR AS RECEITAS DE PEIXE QUE GOSTO DE FAZER EM CASA, DAS MAIS FAMILIARES ÀS MAIS SURPREENDENTES.

PEIXES E FRUTOS DO MAR FABULOSOS

FRIGIDEIRA

ENSOPADO DE PEIXE

NHOQUE DE ABÓBORA, CREME DE COCO, TOMATE-CEREJA E ERVILHA-TORTA

SERVE 2 | 15 MINUTOS NO TOTAL

2 filés grossos de peixe branco (125 g cada), com pele e sem espinhas

1 limão

4 cebolinhas

250 g de tomates-cereja maduros

2 colheres (chá) cheias de pasta de curry keralan ou korma

2 colheres (chá) cheias de creme de coco

450 g de nhoque de abóbora

160 g de ervilha-torta

Coloque uma frigideira antiaderente de 30 cm em fogo médio-alto com ½ colher (sopa) de azeite, depois acrescente o peixe com a pele para baixo na frigideira e jogue as raspas de limão por cima. Apare as cebolinhas, corte a parte branca em pedaços de 2 cm (reservando a parte verde) e junte à frigideira com os tomates, cortando os maiores ao meio. Assim que a pele do peixe estiver dourada e crocante, transfira-o para uma tábua. Ponha uma chaleira de água para ferver.

Deixe a pasta de curry na frigideira por 1 minuto, depois esprema o sumo de meio limão e adicione o creme de coco e o nhoque de abóbora. Despeje 300 ml de água fervente e deixe abrir fervura novamente, depois adicione a ervilha-torta. Junte os filés de peixe, com a pele para cima, tampe a panela e cozinhe por 4 minutos. Pique bem a parte verde da cebolinha e jogue por cima, em seguida sirva com gomos de limão, para espremer.

CALORIAS	GORDURA	GORDURA SATURADA	PROTEÍNA	CARBOIDRATOS	AÇÚCARES	SAL	FIBRAS
565 kcal	12,2 g	4,6 g	37,9 g	72,8 g	20,6 g	2,7 g	10,8 g

PANELA

TORTA DE SALMÃO INVERTIDA

SALMÃO, CAMARÃO, PURÊ, BRÓCOLIS, CEBOLINHA-FRANCESA E TOMATE

SERVE 4 | 54 MINUTOS NO TOTAL

1 kg de batata

320 g de brócolis ramoso

100 g de molho tártaro

400 g de salmão, sem pele e sem espinhas

320 g de tomates-cereja maduros

1 maço de cebolinha-francesa (20 g)

165 g de camarões grandes sem casca

½ limão-siciliano

Preaqueça o forno a 200°C. Ponha uma chaleira de água para ferver. Lave e esfregue as batatas, corte em pedaços de 3 cm, leve a uma panela grande e rasa (que possa ir ao forno) e cubra com água fervente. Cozinhe por 15 minutos ou até as batatas ficarem macias, adicionando, nos 4 minutos finais, os brócolis aparados. Escorra, reserve os brócolis, volte as batatas à panela e amasse bem com o molho tártaro e ½ colher (sopa) de azeite; depois tempere a gosto. Devolva ao fogo médio e use as costas da colher para espalhar o purê na base e nas laterais da panela. Regue com azeite, transfira para o forno e asse por 20 minutos ou até dourar.

Enquanto isso, corte o salmão no sentido do comprimento em fatias de um pouco menos de 1 cm de espessura. Corte os tomates-cereja ao meio. Pique bem a cebolinha-francesa. Misture tudo com os camarões, o sumo de limão-siciliano, uma pitada de sal marinho e pimenta-do-reino. Quando o purê estiver dourado, arranje os brócolis em cima, depois o salmão, os camarões e os tomates. Volte ao forno por 10 minutos ou até o salmão e os camarões estarem prontos.

CALORIAS	GORDURA	GORDURA SATURADA	PROTEÍNA	CARBOIDRATOS	AÇÚCARES	SAL	FIBRAS
534 kcal	20,9 g	2,5 g	36,7 g	52,4 g	9,8 g	0,9 g	7 g

FRIGIDEIRA

BOLINHOS DE PEIXE FANTÁSTICOS

SALMÃO, BRÓCOLIS, MOLHO DE CURRY E LIMÃO-SICILIANO

SERVE 4 | 23 MINUTOS NO TOTAL

4 filés de salmão, com pele e sem espinhas (130 g cada)

345 g de batatinhas em conserva

½ brócolis-ninja (175 g)

1 limão-siciliano

2 colheres (sopa) de mostarda integral

1 colher (sopa) de pasta de curry katsu japonês

2 colheres de maionese light

2 colheres (sopa) de iogurte natural

Tire com cuidado a pele do salmão, corte cada pedaço de pele em quatro, depois transfira-a para uma frigideira antiaderente de 30 cm em fogo médio até ficar crocante dos dois lados. Enquanto isso, deixe o salmão bem picadinho. Escorra as batatas em conserva, amasse na tábua e misture com o salmão, os pedaços de brócolis ralados grosseiramente (com exceção do talo, que pode ser usado depois em uma sopa ou em uma salada) e raspas finas de limão-siciliano. Adicione a mostarda e uma pitada de sal marinho e pimenta-do-reino, misture de novo e divida em quatro, depois molde quatro bolinhos amassados de 3 cm de grossura.

Tire a pele crocante de salmão do fogo e leve os bolinhos à frigideira, com um pouco de azeite. Frite por 4 minutos de cada lado ou até dourar e cozinhar bem, tomando cuidado ao virar. Enquanto isso, misture a pasta de curry à maionese, misture ao iogurte e tempere a gosto. Sirva esse molho com os bolinhos e a pele crocante, acompanhados de gomos de limão-siciliano, para espremer.

DICA

As batatinhas em conserva fazem toda a diferença. Elas economizam tempo de preparo e você ainda fica com menos louça para lavar, o que é ótimo.

CALORIAS	GORDURA	GORDURA SATURADA	PROTEÍNA	CARBOIDRATOS	AÇÚCARES	SAL	FIBRAS
368 kcal	19,6 g	3,2 g	30,7 g	16,6 g	3,3 g	1,1 g	2,1 g

FRIGIDEIRA

MACARRÃO COM CAMARÕES AO TERIYAKI

ALHO, GENGIBRE, MACARRÃO, EDAMAME, MOLHO DE PIMENTA E GERGELIM

SERVE 2 | 17 MINUTOS NO TOTAL

4 dentes de alho

1 pedaço de 4 cm de gengibre

165 g de camarões jumbo sem casca

120 g de macarrão ninho com ovos de tamanho médio

160 g de edamame sem vagem congelado

1 colher (sopa) de óleo de pimenta chinês

1 colher (sopa) de sementes de gergelim

2 colheres (sopa) de molho teriyaki

Leve uma chaleira de água ao fogo. Descasque e fatie o alho bem fino. Descasque e corte o gengibre em palitos. Este passo não é obrigatório, mas sugiro reservar um momento para passar uma faca pela parte de baixo dos camarões e tirar e descartar a tripa. Leve uma frigideira antiaderente de 30 cm ao fogo alto. Quando estiver quente, adicione o camarão e o edamame congelado, cubra com água fervente e cozinhe por 4 minutos, depois escorra, reservando uma caneca da água do cozimento.

Volte a frigideira ao fogo médio e adicione óleo de pimenta chinês, o alho e o gengibre. Cozinhe até dourar levemente, mexendo com frequência. Junte as sementes de gergelim e os camarões e deixe até que cozinhem, então acrescente o molho teriyaki, sacudindo a frigideira para cobrir tudo igualmente. Apague o fogo, junte o macarrão e o edamame, afinando o molho com um pouco da água do cozimento reservada, se necessário — o prato deve ficar bem soltinho e brilhante. Tempere a gosto, divida entre tigelas e regue com um pouco mais de óleo de pimenta, se quiser.

CALORIAS	GORDURA	GORDURA SATURADA	PROTEÍNA	CARBOIDRATOS	AÇÚCARES	SAL	FIBRAS
371 kcal	15,6 g	2,5 g	30,2 g	27,1 g	6,7 g	1,8 g	5,5 g

FRIGIDEIRA

SALADA DE BRÓCOLIS E ATUM

LIMÃO-SICILIANO, MIX DE GRÃOS, RÚCULA, PIMENTA E ALCAPARRA

SERVE 2 | 24 MINUTOS NO TOTAL

250 g de mix de grãos cozidos (arroz integral, vermelho, trigo, centeio, quinoa)

2 limões-sicilianos

60 g de rúcula

1 brócolis-ninja (375 g)

110 g de atum em lata ao natural

1 colher (sopa) cheia de iogurte natural

1 ou 2 pimentas dedo-de-moça vermelhas

1 colher (chá) de alcaparras na salmoura

Leve uma frigideira antiaderente de 30 cm ao fogo alto. Adicione os grãos e o sumo de 1 limão-siciliano com um pouco de azeite. Deixe amolecer e aquecer, mexendo com frequência, enquanto você separa um punhado de folhas bonitas da rúcula para decorar e pica bem o restante. Junte as folhas picadas aos grãos, depois transfira tudo para uma travessa. Limpe a frigideira e devolva ao fogo alto. Separe e corte a parte florida do brócolis em pedaços e leve à frigideira seca. Mas celebre também os talos: apare e descarte as extremidades lenhosas, corte o resto ao meio no sentido do comprimento, pique-os finamente e adicione-os à frigideira. Deixe por 10 minutos, mexendo de vez em quando, para aprofundar o sabor.

Enquanto isso, leve o atum com a água da conserva ao liquidificador com o iogurte. Raspe bem a casca do outro limão-siciliano e reserve, depois esprema o sumo no liquidificador. Fatie bem a pimenta, sem as sementes, se preferir. Adicione ½ pimenta fatiada ao liquidificador, bata tudo até ficar homogêneo, afinando com um pouco de água, se necessário, e tempere a gosto. Disponha o brócolis sobre os grãos. Regue com molho de atum, espalhe as folhas reservadas de rúcula, adicione a pimenta (a gosto), as raspas de limão-siciliano e as alcaparras; em seguida, finalize com um toque de azeite extravirgem, se quiser.

CALORIAS	GORDURA	GORDURA SATURADA	PROTEÍNA	CARBOIDRATOS	AÇÚCARES	SAL	FIBRAS
381 kcal	8,8 g	1,9 g	30 g	43,7 g	6,5 g	1,3 g	12,5 g

FRIGIDEIRA

TORTA DE FRIGIDEIRA DE SALMÃO E CAMARÃO

MASSA FILO, CUSCUZ, TOMATES, PÁPRICA DEFUMADA, ENDRO E LIMÃO-SICILIANO

SERVE 4 | 10 MINUTOS DE PREPARO/ 34 MINUTOS DE COZIMENTO

270 g de massa filo

páprica defumada

100 g de cuscuz

800 g de tomates maduros

2 filés de salmão, sem pele e sem espinhas (130 g cada)

165 g de camarões grandes sem casca

2 limões-sicilianos

1 maço de endro (20 g)

Preaqueça o forno a 180°C. Pincele com azeite uma frigideira antiaderente de 30 cm (que possa ir ao forno) e cubra com três camadas de massa filo. Pincele azeite de novo e polvilhe com páprica. Cubra com a massa filo restante, deixando sobrar bastante dos lados. Pincele com azeite de novo, em seguida, espalhe o cuscuz marroquino. Fatie bem os tomates e disponha metade na frigideira, depois tempere com uma pitadinha de sal marinho e pimenta-do-reino. Corte cada filé de salmão em três no sentido do comprimento e disponha sobre a massa, então espalhe os camarões. Faça raspas finas de limão-siciliano e jogue por cima. Acrescente o endro bem picado, cubra com os tomates e regue com 1 colher (sopa) de azeite. Adicione uma pitadinha de sal e pimenta-do-reino, depois dobre a massa filo para dentro, amassando. Pincele com mais um pouco de azeite, esprema o sumo do limão-siciliano e polvilhe com páprica. Leve ao fogo alto até começar a chiar — cerca de 4 minutos —, depois asse por 30 minutos ou até dourar e cozinhar. Fica bom com 1 colherada de iogurte e salada.

INSPIRAÇÃO

Esta receita nada mais é que uma série de ingredientes vibrantes montados em belas camadas e envoltos em uma massa crocante com um toque de páprica e limão-siciliano. Divino.

CALORIAS	GORDURA	GORDURA SATURADA	PROTEÍNA	CARBOIDRATOS	AÇÚCARES	SAL	FIBRAS
530 kcal	17,3 g	2,7 g	31,1 g	67 g	9,7 g	1,4 g	6,3 g

PANELA

LAKSA DE MARISCOS DEFUMADOS

BERINJELA TOSTADA, MACARRÃO DE ARROZ, LEITE DE COCO, COENTRO E LIMÃO

SERVE 2 | 16 MINUTOS NO TOTAL

100 g de bifum

600 g de mariscos limpos e escovados

1 berinjela grande (400 g)

1 maço de cebolinha

½ maço de folhas de coentro (15 g)

2 limões

2 colheres (sopa) de pasta de laksa (pasta de curry tailandês)

400 ml de leite de coco light

Cozinhe o macarrão em uma panela grande e rasa, seguindo as instruções da embalagem. Enquanto isso, dê uma batidinha nos mariscos que estiverem abertos: se não fecharem, descarte. Perfure a berinjela com o garfo e então use uma pinça para tostar com cuidado na boca do fogão, de todos os lados. Escorra o macarrão e deixe no escorredor, depois devolva a panela ao fogo alto. Apare a cebolinha, pique a parte branca em pedaços de 1 cm e leve à panela, reservando a parte verde. Adicione os talos de coentro picadinhos e reserve as folhas. Junte raspas finas de limão e a pasta de curry à panela e deixe cozinhar por 1 minuto antes de adicionar o leite de coco. Acrescente os mariscos, tampe a panela e deixe por cerca de 4 minutos ou até que abram. Se algum continuar fechado, descarte.

Fatie bem a parte verde da cebolinha. Rasgue as folhas de coentro. Use uma colher para raspar a maior parte da casca queimada da berinjela (que vai deixar um sabor defumado delicioso), pique grosseiramente o miolo e adicione à panela com o macarrão. Tempere o caldo a gosto com sumo de limão, sal marinho e pimenta-do-reino, depois sirva com as folhas de coentro e a parte verde da cebolinha.

CALORIAS	GORDURA	GORDURA SATURADA	PROTEÍNA	CARBOIDRATOS	AÇÚCARES	SAL	FIBRAS
486 kcal	15,9 g	11 g	21,1 g	64,3 g	12,8 g	1,4 g	8,7 g

PAPILOTE DE SALMÃO

CADA COMBINAÇÃO SERVE 2 | 25 MINUTOS NO TOTAL

Salmão é um dos peixes mais comuns nos mercados, por isso quero dividir com você um dos meus métodos preferidos de preparo. Fazendo um pacotinho de papel-alumínio, o peixe cozinha lindamente e absorve sabores maravilhosos de diferentes combinações de ingredientes, de modo que em 15 minutinhos de forno você tem uma refeição completa. Trate esta receita como um princípio, experimente e depois crie suas próprias versões.

Preaqueça o forno a 220°C. Corte um pedaço de alumínio com o dobro do tamanho do fundo da assadeira, cubra o fundo e deixe metade sobrando. No liquidificador, bata o molho que desejar e transfira para o meio da assadeira. Usando uma faca grande e afiada, faça dois cortes grandes de 1 cm de profundidade na pele do salmão e enfie as ervas restantes dentro. Ponha os outros ingredientes sobre o molho (como nas fotos), depois coloque o salmão por cima. Tempere com uma pitadinha de sal marinho, pimenta-do-reino e um pouco de azeite. Dobre a sobra de papel-alumínio, virando nas beiradas para fechar. Asse na grade de baixo do forno por 15 minutos ou até que o salmão esteja cozido. Fica delicioso acompanhado de mais uma porção de legumes assados ou no vapor.

BETERRABA E BATATA

200 g de beterrabas em conserva

1 colher (sopa) de pasta de raiz-forte

1 maço de endro (20 g)

345 g de batatinhas em conserva descascadas

2 filés de salmão com pele e sem espinhas (150 g cada)

1 colher (sopa) de creme de leite fresco semidesnatado

Para o molho, escorra as beterrabas e bata no liquidificador com o creme de raiz-forte e a maior parte das folhas de endro, até ficar homogêneo, afinando com um pouco de água, se necessário. Tempere a gosto. Escorra as batatinhas, corte as maiores ao meio e siga o método da p. 170.

CALORIAS	GORDURA	GORDURA SATURADA	PROTEÍNA	CARBOIDRATOS	AÇÚCARES	SAL	FIBRAS
457 kcal	19 g	3,8 g	34,5 g	36 g	10,4 g	0,7 g	3,8 g

ESPINAFRE E NHOQUE

30 g de queijo cheddar (tipo inglês)

160 g de folhas de espinafre congeladas

160 ml de leite semidesnatado

1 maço de manjerona ou orégano (20 g)

1 limão-siciliano

2 filés de salmão com pele e sem espinhas (150 g cada)

400 g de nhoque de batata

Para o molho, bata no liquidificador o cheddar, as folhas de espinafre, o leite, a maior parte das folhas de manjerona e o sumo do limão-siciliano até ficar homogêneo. Tempere a gosto e siga o método da p. 170. Sirva com gomos de limão, para espremer.

CALORIAS	GORDURA	GORDURA SATURADA	PROTEÍNA	CARBOIDRATOS	AÇÚCARES	SAL	FIBRAS
725 kcal	24,5 g	7,5 g	46,5 g	78,5 g	6 g	2,2 g	3,4 g

PIMENTÃO E GRÃO-DE-BICO

460 g de pimentão vermelho assado em conserva

15 g de amêndoas defumadas

400 g de grão-de-bico em conserva

½ maço de salsinha (15 g)

30 g de chorizo ou linguiça-calabresa

2 filés de salmão com pele e sem espinhas (150 g cada)

Para o molho, escorra os pimentões e bata no liquidificador com as amêndoas e a maior parte do grão-de-bico com o líquido da conserva (reserve alguns inteiros para polvilhar) e os talos de salsinha (reserve as folhas), até ficar homogêneo. Tempere a gosto. Fatie bem a linguiça e siga o método da p. 170.

CALORIAS	GORDURA	GORDURA SATURADA	PROTEÍNA	CARBOIDRATOS	AÇÚCARES	SAL	FIBRAS
507 kcal	26,8 g	5,1 g	42,9 g	22,4 g	3,9 g	0,5 g	7,4 g

FRIGIDEIRA

PANQUECA DE CAMARÃO

GELEIA DE PIMENTA, VEGETAIS, SHOYU E GERGELIM

SERVE 2 | 16 MINUTOS NO TOTAL

2 ovos grandes

120 g de farinha com fermento

1 colher (chá) de tempero cinco especiarias chinesas

165 g de camarões grandes sem casca

1 colher (sopa) de sementes de gergelim

320 g de vegetais orientais (repolho, cenoura, pimentão, cebola roxa)

2 colheres (chá) de shoyu light

1 colher (sopa) cheia de geleia de pimenta

Quebre os ovos em uma tigela média e misture com o *fouet*, depois adicione a farinha, as cinco especiarias e 100 ml de água. Pique metade dos camarões grosseiramente e junte à massa. Leve uma frigideira antiaderente de 28 cm ao fogo médio-alto. Quando estiver quente, regue com azeite e distribua igualmente as sementes de gergelim e o restante dos camarões. Espalhe a massa por cima, depois a mistura de vegetais. Tampe, reduza para fogo baixo e deixe por 10 minutos ou até que esteja pronta.

Tire a tampa, apague o fogo e regue os vegetais com o shoyu. Vire a panqueca com confiança e passe a geleia de pimenta em toda a superfície até ficar bem brilhante, depois corte e sirva.

CALORIAS	GORDURA	GORDURA SATURADA	PROTEÍNA	CARBOIDRATOS	AÇÚCARES	SAL	FIBRAS
548 kcal	16,9 g	3,2 g	30,1 g	62,7 g	16 g	1,8 g	6,3 g

PANELA

ENSOPADO DE PEIXES E FRUTOS DO MAR

FEIJÃO-BRANCO, TOMATE, FUNCHO, ALHO E PIMENTA

SERVE 2 | 22 MINUTOS NO TOTAL

4 dentes de alho

1 bulbo de funcho

½ pimenta dedo-de-moça

100 ml de vinho rosé light

400 g de feijão-branco em conserva

400 g de tomate pelado em lata

450 g de peixes e frutos do mar, como mariscos, salmão, camarões, peixe branco, vieiras

1 baguete pequena

Descasque o alho e apare o funcho, reservando quaisquer folhas, depois pique tudo finamente, assim como a pimenta. Leve uma panela grande e funda ao fogo médio-alto com 1 colher (sopa) de azeite, então junte o alho, o funcho e a pimenta. Cozinhe por 5 minutos ou até ficar macio, mexendo com frequência. Despeje o vinho e deixe cozinhar, depois acrescente o feijão-branco com o líquido. Amasse os tomates com as mãos limpas e adicione, junto com ½ lata de água. Deixe abrir fervura, em seguida tempere a gosto. Dê uma batidinha nos mariscos que estiverem abertos: se não fecharem, descarte. Corte os filés de peixe ao meio no sentido do comprimento, para acelerar o cozimento. Adicione os frutos do mar, tampe e cozinhe até os mariscos abrirem e estar tudo cozido. Se algum marisco continuar fechado, descarte. Tempere a gosto.

Jogue as folhas reservadas de erva-doce por cima e sirva com um pouco de azeite extravirgem, se quiser, e uma baguete fatiada.

CALORIAS	GORDURA	GORDURA SATURADA	PROTEÍNA	CARBOIDRATOS	AÇÚCARES	SAL	FIBRAS
595 kcal	15,1 g	7,2 g	48,8 g	54,9 g	8,2 g	1,3 g	13,4 g

FRIGIDEIRA

ARROZ FRITO COM CAMARÃO

VEGETAIS CROCANTES, PIMENTA E OVOS FRITOS COM CEBOLA CROCANTE

SERVE 2 | 15 MINUTOS NO TOTAL

320 g de vegetais orientais (repolho, cenoura, pimentão, cebola roxa)

1 pimenta dedo-de-moça

165 g de camarões grandes sem casca

2 colheres (sopa) de pasta de curry keralan

250 g de arroz cozido

1 limão-siciliano

2 ovos

2 colheres (sopa) de cebola frita crocante

Leve uma frigideira antiaderente de 30 cm ao fogo médio-alto. Pique bem os vegetais e a pimenta, mantendo ambos separados. Regue a frigideira quente com um pouco de azeite, depois adicione os camarões, a pimenta e a pasta de curry. Mexa por 30 segundos, então acrescente os vegetais e o arroz. Esprema ½ limão-siciliano por cima e cozinhe por 3 minutos, mexendo com frequência. Tempere a gosto, separe alguns camarões e ponha em uma tigela de servir de 15 cm. Coloque o arroz frito por cima e aperte com uma colher.

Devolva a panela ao fogo com um pouco de azeite, quebre os ovos, jogue as cebolas crocantes por cima e deixe os ovos fritarem até o ponto desejado. Divida entre os pratos, vire o arroz e sirva com gomos de limão-siciliano, para espremer.

CALORIAS	GORDURA	GORDURA SATURADA	PROTEÍNA	CARBOIDRATOS	AÇÚCARES	SAL	FIBRAS
475 kcal	19,1 g	5,6 g	28,5 g	50,3 g	9,8 g	1,1 g	6 g

FRIGIDEIRA

SALMÃO AO PESTO CROCANTE

BATATINHAS, ASPARGOS, RÚCULA E LIMÃO-SICILIANO

SERVE 2 | 20 MINUTOS NO TOTAL

250 g de aspargos

2 filés de salmão com pele e sem espinhas (130 g cada)

2 colheres (chá) cheias de pesto verde

1 limão-siciliano

1 pitada de pimenta-calabresa em flocos

40 g de farinha panko

cerca de 500 g de batatinhas descascadas

30 g de rúcula

Leve uma frigideira antiaderente de 30 cm ao fogo médio-alto. Depois de aparar e descartar as extremidades lenhosas, corte os aspargos em pedaços de 2 cm, então leve à frigideira seca e mexa com frequência. Enquanto isso, coloque o salmão, com a pele para baixo, sobre uma folha grande de papel-manteiga. Use uma faca afiada para abrir talhos no peixe no sentido do comprimento com intervalos de 1 cm, até metade da profundidade da carne, então esfregue o pesto, jogue raspas finas de limão-siciliano por cima, polvilhe com a pimenta-calabresa e a farinha panko e regue com um pouco de azeite. Cubra com o papel-manteiga e amasse bem com a palma da mão, para ajudar a farinha a grudar no salmão.

Empurre os aspargos para um lado da frigideira e adicione o salmão, com a crosta para cima. Cozinhe por 4 minutos de cada lado ou até dourar e cozinhar bem. Escorra as batatinhas, cortando as maiores ao meio, depois leve à frigideira com um pouco de azeite para esquentar junto com o salmão. Transfira o salmão para os pratos, misture a rúcula aos aspargos e às batatinhas na frigideira e deixe murchar. Esprema o limão-siciliano por cima e tempere a gosto. Sirva com o salmão e gomos de limão-siciliano, para espremer.

CALORIAS	GORDURA	GORDURA SATURADA	PROTEÍNA	CARBOIDRATOS	AÇÚCARES	SAL	FIBRAS
541 kcal	23,7 g	3,9 g	36,4 g	47,2 g	4,4 g	0,6 g	2,2 g

FRIGIDEIRA

SABOROSOS TACOS DE PEIXE

FEIJÃO-PRETO, JALAPEÑO, TOMATE-CEREJA, LIMÃO E ABACATE

SERVE 4 | 21 MINUTOS NO TOTAL

320 g de tomates-cereja coloridos maduros

30 g de jalapeño verde fatiado em conserva

½ maço de coentro (15 g)

400 g de feijão-preto em conserva

4 filés grossos de peixe branco sem pele e sem espinhas (125 g cada)

1 limão

8 tortilhas de milho pequenas

1 abacate (tipo avocado) maduro

Leve uma frigideira de 30 cm ao fogo médio-alto com 1 colher (sopa) de azeite. Adicione os tomates inteiros, uma pitadinha de sal marinho e o jalapeño. Cozinhe por 5 minutos. Separe as folhas de 2 ramos de coentro. Acrescente o feijão-preto escorrido e lavado à frigideira, depois os filés de peixe, e espalhe por cima as raspas finas do limão e algumas folhas de coentro. Tampe e cozinhe em fogo baixo por 10 minutos ou até que o peixe esteja pronto. Coloque as tortilhas na tampa cobertas com papel-alumínio, para que esquentem no calor residual.

Descasque e fatie o abacate, descartando o caroço, e tempere com sumo de ½ limão e uma pitadinha de sal e pimenta-do-reino. Ponha o abacate com o peixe, cubra com o restante das folhas de coentro e leve à mesa com as tortilhas. Sirva com o restante do limão cortado em gomos, para espremer.

CALORIAS	GORDURA	GORDURA SATURADA	PROTEÍNA	CARBOIDRATOS	AÇÚCARES	SAL	FIBRAS
481 kcal	13,7 g	2,3 g	31,6 g	54,8 g	7,3 g	1,8 g	7,7 g

ASSADEIRA

PEIXE COM MOLHO CUBANO

ORÉGANO, ALHO, COMINHO, LARANJA E LIMÃO-SICILIANO, PIMENTÃO E CEBOLA

SERVE 2 | 42 MINUTOS NO TOTAL

3 pimentões coloridos

2 cebolas roxas

1 colher (sopa) de sementes de cominho

2 dentes de alho

½ maço de orégano (10 g)

2 laranjas

1 limão-siciliano

800 g de dourada inteira, sem as vísceras e sem as guelras

Preaqueça o forno a 220°C. Descarte as sementes dos pimentões, descasque as cebolas, pique tudo em pedaços de 3 cm e leve a uma assadeira de 25 cm x 35 cm. Regue com 1 colher (sopa) de azeite e uma pitada de sal marinho e pimenta-do-reino, depois asse por 20 minutos. Enquanto isso, amasse as sementes de cominho no pilão com uma pitada de sal e pimenta, o alho descascado e as folhas de orégano, até virar uma pasta. Misture com o sumo da laranja e do limão-siciliano e 1½ colher (sopa) de azeite extravirgem. Em um prato, fure o peixe de ambos os lados em intervalos de 2 cm, depois jogue metade da marinada por cima, esfregando para que penetre os talhos.

Retire a assadeira do forno, misture os vegetais e empurre-os para as beiradas para que o peixe marinado caiba no meio. Despeje por cima o que ficar da marinada no prato. Leve ao forno por 15 minutos ou até o peixe dourar e soltar fácil da espinha. Deixe descansar por 5 minutos e então regue com a outra metade da marinada. Fica excelente sozinho ou com arroz branco e pão italiano.

CALORIAS	GORDURA	GORDURA SATURADA	PROTEÍNA	CARBOIDRATOS	AÇÚCARES	SAL	FIBRAS
478 kcal	20,9 g	2 g	46,7 g	28,7 g	24,8 g	1,2 g	9,5 g

FRIGIDEIRA

KEDGEREE DE CAMARÃO E ERVILHA

FLORES DE OMELETE, ESPINAFRE, CURRY E PICLES DE CEBOLA ROXA

SERVE 2 | 22 MINUTOS NO TOTAL

2 ovos

1 cebola roxa

1 colher (sopa) de pasta de curry com alho

160 g de ervilhas congeladas

100 g de espinafre baby

250 g de arroz cozido

1 limão-siciliano

165 g de camarões grandes sem casca

Leve uma frigideira antiaderente de 28 cm ao fogo médio. Quebre os ovos em uma tigela, bata-os e tempere-os levemente. Regue a frigideira com 1 colher (chá) de azeite, depois despeje metade dos ovos batidos. Cozinhe de um lado só até firmar, então transfira para um prato e repita o processo com o restante dos ovos. Descasque e pique bem a cebola, adicione a maior parte à frigideira com a pasta de curry e cozinhe por 5 minutos, mexendo com frequência e colocando um pouquinho de água, se necessário. Junte uma boa dose de vinagre de vinho tinto ao restante da cebola, acrescente uma pitada de sal marinho e reserve para fazer um picles rápido.

Adicione as ervilhas congeladas e o espinafre à frigideira, mexendo com frequência. Quando o espinafre murchar, junte o arroz e, com as costas da colher, solte-o para não ficar empelotado. Esprema o sumo de meio limão-siciliano, inclua os camarões e misture bem. Empilhe as omeletes, forme um rolinho, corte em quatro e coloque sobre o arroz. Tampe e cozinhe em fogo baixo por 5 minutos, depois tempere a gosto. Escorra a cebola roxa e jogue por cima. Sirva com gomos de limão-siciliano, para espremer.

TROCAS

Sinta-se livre para usar sua pasta de curry preferida! Dê asas à imaginação!

CALORIAS	GORDURA	GORDURA SATURADA	PROTEÍNA	CARBOIDRATOS	AÇÚCARES	SAL	FIBRAS
398 kcal	9,5 g	2,5 g	32,2 g	49,5 g	7,1 g	1,5 g	6,5 g

FRIGIDEIRA

ATUM COM MOLHO DEFUMADO DE PIMENTA

CENOURA AGRIDOCE, CEBOLA, PIMENTA, MANJERICÃO E FOCACCIA

SERVE 2 | 36 MINUTOS NO TOTAL

3 cenouras grandes

1 cebola

460 g de pimentão vermelho assado em conserva

½ pimenta dedo-de-moça

20 g de amêndoas defumadas

1 maço de manjericão (30 g)

2 filés de atum (120 g cada)

150 g de focaccia

Ponha uma chaleira de água para ferver. Leve uma frigideira antiaderente de 30 cm ao fogo médio-alto com 400 ml de água fervente. Descarte as extremidades da cenoura, lave, corte ao meio no sentido do comprimento e depois em fatias de 0,5 cm de espessura. Junte à frigideira com a cebola picada grosseiramente e metade dos pimentões escorridos e picados. Tampe e cozinhe por 20 minutos. Enquanto isso, bata o restante dos pimentões no liquidificador com a pimenta e as amêndoas, até ficar homogêneo, afinando com um pouco de água, se necessário. Tempere a gosto. Separe as folhas de manjericão.

Passados os 20 minutos, tire a tampa da frigideira e deixe o líquido restante evaporar, mexendo de vez em quando, até a cenoura começar a dourar. Adicione a maior parte das folhas de manjericão, reservando algumas bonitas para decorar, mexa bem e tempere a gosto. Divida os vegetais entre os pratos, depois limpe a frigideira e volte ao fogo alto. Passe um pouco de azeite nos filés de peixe e uma pitadinha de sal marinho e pimenta-do-reino, depois sele por 1 minuto de cada lado, ou cozinhe até o ponto desejado. Adicione as folhas de manjericão reservadas e uma pitada de pimenta-do-reino e sirva com os vegetais e a focaccia para acompanhar — quentinha, se preferir. Sobras de vegetais ficam deliciosas com ovo ou frango.

TROCAS

Se não encontrar amêndoas defumadas, você pode usar castanhas salgadas e páprica defumada.

CALORIAS	GORDURA	GORDURA SATURADA	PROTEÍNA	CARBOIDRATOS	AÇÚCARES	SAL	FIBRAS
570 kcal	16,4 g	3,3 g	42,9 g	61,7 g	21,7 g	1,7 g	11,7 g

FRIGIDEIRA

SALMÃO COM CROSTA DE GERGELIM

MIX DE GRÃOS, CENOURA, LARANJA, HORTELÃ E HARISSA

SERVE 2 | 21 MINUTOS NO TOTAL

- 2 filés de salmão com pele e sem espinhas (150 g cada)
- 2 colheres (sopa) de sementes de gergelim
- 1 maço de hortelã (30 g)
- 2 laranjas grandes
- 250 g de mix de grãos cozidos (arroz integral, vermelho, trigo, centeio, quinoa)
- 2 cenouras pequenas
- 2 colheres (chá) cheias de harissa

Corte os filés de salmão ao meio no sentido do comprimento, depois tire a pele de cada pedaço. Espalhe o gergelim num prato e passe as tiras de salmão, cobrindo apenas um lado do peixe com as sementes. Leve o que sobrar do gergelim ao pilão e amasse até formar uma pasta. Separe as folhas de hortelã (reservando algumas para decorar) e amasse com o sumo de 1 laranja e um pouco de azeite extravirgem e vinagre de vinho tinto, depois tempere a gosto. Leve uma frigideira antiaderente de 30 cm ao fogo médio-alto, acrescente os grãos com um pouco de água e aqueça. Despeje o molho, misture bem e transfira para uma travessa ou tigela.

Limpe a frigideira e a devolva ao fogo médio-alto. Grelhe a pele do salmão por alguns minutos, até ficar crocante dos dois lados, e então retire. Leve o salmão à frigideira, com o gergelim para baixo, e deixe por 3 minutos, depois vire e mantenha por mais 1 minuto ou até que esteja bem cozido. Enquanto isso, lave a cenoura e faça fitas com um descascador de legumes. Regue com um pouco de azeite extravirgem e vinagre de vinho tinto, tempere e junte aos grãos. Descasque a laranja restante, corte em rodelas finas, divida entre os pratos e coloque o salmão e a pele crocante por cima. Adicione um pouco de harissa depois finalize com as folhas de hortelã reservadas sobre o salmão e os grãos.

CALORIAS	GORDURA	GORDURA SATURADA	PROTEÍNA	CARBOIDRATOS	AÇÚCARES	SAL	FIBRAS
640 kcal	28,4 g	4,6 g	36,7 g	58,2 g	17,7 g	1 g	9,8 g

DESDE PRATOS FEITOS RAPIDINHO NA FRIGIDEIRA ATÉ ASSADOS, COZIDOS E REFEIÇÕES MAIS ÉPICAS: SE TIVER CARNE NO MENU, ESTE CAPÍTULO COBRE TUDO O QUE VOCÊ PRECISA SABER.

VALORIZANDO A CARNE

PANELA

ALMÔNDEGAS MEIO A MEIO

PORCO, FEIJÃO-RAJADO, ALECRIM, RICOTA E PARMESÃO

SERVE 4 | 43 MINUTOS NO TOTAL

40 g de queijo parmesão

½ limão-siciliano

400 g de carne suína moída

60 g de queijo ricota

800 g de feijão-rajado (borlotti) em conserva

½ maço de alecrim (10 g)

690 g de passata de tomate

400 g de focaccia

Preaqueça o forno a 200°C. Rale bem o parmesão e faça raspas finas de limão-siciliano, depois bata com a carne moída e a ricota no processador. Adicione metade do feijão-rajado escorrido, com uma pitada de pimenta-do-reino e uma pitadinha de sal marinho. Bata até misturar bem, depois, com as mãos limpas e úmidas, divida a massa e molde 20 bolinhas. Leve uma panela grande e rasa (que possa ir ao forno) ao fogo médio. Quando estiver quente, regue com 1 colher (sopa) de azeite e grelhe as almôndegas por 10 minutos ou até ficarem crocantes e douradas, sacudindo a panela cuidadosamente de vez em quando. Depois de 5 minutos, adicione as folhas de alecrim.

Empurre as almôndegas para um lado da panela, despeje a passata e o restante do feijão-rajado com o líquido da conserva. Deixe ferver, em seguida, transfira para o forno e asse por 10 minutos. Nos últimos minutos, coloque a focaccia para esquentar. Tempere a gosto, sirva as almôndegas sobre a focaccia ou como sanduíche, com o restante do parmesão ralado.

CALORIAS	GORDURA	GORDURA SATURADA	PROTEÍNA	CARBOIDRATOS	AÇÚCARES	SAL	FIBRAS
676 kcal	26,3 g	10 g	43,6 g	64,2 g	11,8 g	1,6 g	12,1 g

PANELA

CANELA DE CORDEIRO GLACEADA

PIMENTÃO, BATATINHAS, AZEITONA, ALHO E SALSINHA

SERVE 4 | 12 MINUTOS DE PREPARO/ 2 HORAS DE COZIMENTO

4 canelas de cordeiro (400 g cada)	800 g de batatinhas
1 cabeça de alho	8 azeitonas pretas
6 pimentões coloridos	1 colher (chá) de mel
1 limão-siciliano	½ maço de salsinha (15 g)

Preaqueça o forno a 180°C. Leve uma panela grande e funda (que possa ir ao forno depois) ao fogo alto. Tempere as canelas de cordeiro com uma pitada de sal marinho e pimenta-do-reino, depois grelhe em 1 colher (sopa) de azeite, virando até dourar por inteiro. Enquanto isso, corte a cabeça de alho ao meio e os pimentões em pedaços grandes, descartando as sementes e os talos. Leve ambos à panela, faça tiras da casca de limão-siciliano com um descascador de legumes e adicione. Junte as batatinhas à panela, cortando ao meio as maiores, e as azeitonas sem caroço amassadas, com um pouco do líquido da conserva. Misture tudo, tampe e transfira para o forno para assar por 1 hora. Misture outra vez e cozinhe sem tampa por mais 1 hora ou até o cordeiro ficar macio.

Tire do forno. Extraia o alho da casca, amasse e devolva ao molho, depois tempere a gosto com sal, pimenta e um pouco de vinagre de vinho tinto. Pincele mel na carne, jogue as folhas de salsinha por cima e sirva.

VERSÃO VEGETARIANA

Troque o cordeiro por aipo-rábano lavado e cortado em quatro e faça tudo igual, adicionando grão-de-bico.

CALORIAS	GORDURA	GORDURA SATURADA	PROTEÍNA	CARBOIDRATOS	AÇÚCARES	SAL	FIBRAS
681 kcal	38,4 g	14,4 g	70,6 g	14,8 g	12,4 g	1 g	5,4 g

ASSADEIRA

ESPETINHOS DE LINGUIÇA

PIMENTÃO, CEBOLA, BRÓCOLIS E LENTILHA

SERVE 4 | 55 MINUTOS NO TOTAL

800 g de lentilhas em conserva

2 cebolas roxas

460 g de pimentão vermelho assado em conserva

6 linguiças de carne de porco ou vegetal

2 colheres (chá) de creme de leite fresco semidesnatado

2 colheres (chá) de mostarda

320 g de brócolis ramoso

Preaqueça o forno a 200°C. Despeje a lentilha com o líquido em uma assadeira de 25 cm x 35 cm e deixe sobre o fogo baixo da boca do fogão enquanto você prepara os espetos. Descasque as cebolas e corte em quatro, depois solte as pétalas. Junte 2 colheres (sopa) do líquido da conserva do pimentão vermelho na assadeira da lentilha e pique os pimentões em pedaços de 3 cm. Corte cada linguiça em quatro partes iguais e então monte quatro espetos de linguiça, cebola e pimentão, como na foto. Se sobrar alguma coisa, pique bem e leve à assadeira, depois misture com a lentilha, o creme de leite fresco e a mostarda.

Apare as extremidades duras do brócolis, depois disponha os floretes sobre a lentilha, mergulhando os caules. Coloque os espetos em cima e asse na grade do meio do forno por 30 minutos, virando os espetos na metade do tempo. Você pode servir assim ou aumentar a temperatura e assar por mais alguns minutos para ficar um pouco mais tostado. Sirva com mais creme de leite fresco e mostarda, se quiser. Fica delicioso sozinho ou com batata assada de acompanhamento.

CALORIAS	GORDURA	GORDURA SATURADA	PROTEÍNA	CARBOIDRATOS	AÇÚCARES	SAL	FIBRAS
430 kcal	17,6 g	5,6 g	28,4 g	40,4 g	11,6 g	1,6 g	5,4 g

ASSADEIRA

CORDEIRO ASSADO COM ESPECIARIAS

BERINJELA, HORTELÃ, PIMENTA EM CONSERVA, FETA E PÃO PITA

SERVE 8, COM SOBRA DE CARNE | 15 MINUTOS DE PREPARO/ 45 MINUTOS DE COZIMENTO

2 kg de pernil de cordeiro, com osso

50 g de dukkah

4 dentes de alho

4 berinjelas (250 g cada)

100 g de feta maturado

300 g de pimenta dedo-de-moça em conserva

4 pães pita

1 maço de hortelã (30 g)

Preaqueça o forno a 240°C. Use uma faca grande e afiada para cortar o cordeiro com intervalos de 2 cm, chegando até o osso. Amasse o dukkah no pilão com o alho descascado. Afine com 2 colheres (sopa) de azeite e 2 colheres (sopa) de vinagre de vinho tinto, depois esfregue a mistura em todo o cordeiro, inclusive dentro dos cortes. Fure as berinjelas inteiras, coloque em uma assadeira grande e leve à grade de baixo do forno, posicionando o cordeiro na grelha de cima. Asse por 45 minutos. Enquanto isso, amasse o feta no pilão até formar uma pasta, e então junte um pouco da salmoura do queijo, do líquido da conserva de pimenta e de água para formar um molho homogêneo. Transfira para uma jarrinha, adicione uma pitada de pimenta-do-reino e regue com um pouco de azeite extravirgem, se quiser.

Quando der o tempo, transfira o cordeiro para um prato grande e reserve. Ele deve estar bem tostado por fora, mas um pouco vermelho por dentro. Pique grosseiramente as berinjelas assadas em uma tábua grande. Leve a assadeira à boca do fogão com um pouco de água, até reduzir o molho, e raspe o que ficar grudado no fundo, depois despeje o líquido com cuidado em uma molheira, para servir. Espirre um pouco de líquido no pão pita e os aqueça por alguns minutos na grade do forno. Enquanto isso, espalhe as folhas de hortelã por cima da berinjela. Regue com 1 colher (sopa) de azeite extravirgem e vinagre de vinho tinto, misture bem, tempere a gosto e espalhe pela tábua. Coloque o cordeiro em cima e transfira para a molheira qualquer sumo que tenha se acumulado. Sirva com a pimenta em conserva, o pão pita tostado, o molho de feta e o sumo para regar.

CALORIAS	GORDURA	GORDURA SATURADA	PROTEÍNA	CARBOIDRATOS	AÇÚCARES	SAL	FIBRAS
509 kcal	28,4 g	10,8 g	36,1 g	26,8 g	3,9 g	2,2 g	6,2 g

PANELA

ASSADO DE TIRA

VEGETAIS AROMÁTICOS, NOZES, CERVEJA, BATATA RECHEADA E RAIZ-FORTE

SERVE 6 | 26 MINUTOS DE PREPARO/ 4 HORAS DE COZIMENTO

1,6 kg de assado de tira com osso cortado em 6 pedaços

2 aipos

6 cenouras (600 g no total)

50 g de nozes sem casca e sem sal

345 g de geleia de cebola

500 ml de cerveja tipo ale

6 batatas (1,5 kg no total)

pasta de raiz-forte, para servir

Preaqueça o forno a 160°C. Leve uma panela grande e rasa (que possa ir ao forno depois) ao fogo médio-alto e doure a carne por inteiro, virando com uma pinça, por cerca de 15 minutos. Enquanto isso, apare as extremidades do aipo e use um descascador de legumes para remover a camada externa. Corte os 12 cm inferiores de cada aipo e pique em quatro no sentido do comprimento, depois pique bem o restante do talo, reservando as folhas mais bonitas. Descasque a cenouras e deixe-as inteiras.

Quando a carne tiver dourado, transfira para uma tigela. Coloque todo o aipo e a cenoura na panela com as nozes e a geleia de cebola e mexa. Tempere com sal marinho e pimenta-do-reino. Despeje 600 ml de água e junte a cerveja, devolvendo então a carne à panela, certificando-se de que esteja toda mergulhada no líquido. Cubra com um pedaço de papel-manteiga úmido e asse por 4 horas ou até a carne soltar com facilidade do osso, regando com o líquido da panela na metade do tempo. Lave e esfregue as batatas, faça furos com um garfo e asse com a carne por mais 1h30. Tire a gordura e os ossos e sirva com folhas de aipo por cima e com a pasta de raiz-forte, acompanhado das batatas assadas.

DICA

O assado de tira é o melhor corte para esta receita. Com o tempo certo de cozimento, você vai ter uma carne macia, suntuosa e reconfortante no seu prato.

CALORIAS	GORDURA	GORDURA SATURADA	PROTEÍNA	CARBOIDRATOS	AÇÚCARES	SAL	FIBRAS
726 kcal	32,2 g	12,2 g	32,2 g	76,4 g	28,6 g	0,9 g	7,6 g

ASSADEIRA

KAFTA DE CORDEIRO E GRÃO-DE-BICO

SALADA DE CENOURA, HORTELÃ E FETA, MOLHO DE PIMENTA E PÃO PITA

SERVE 6 | 43 MINUTOS NO TOTAL

700 g de grão-de-bico em conserva

1 limão-siciliano

500 g de carne de cordeiro moída

6 pães pita integrais

700 g de cenoura

1 maço de hortelã (30 g)

100 g de queijo feta

molho de pimenta, para servir

Preaqueça o forno em temperatura alta. Escorra o grão-de-bico e reserve um punhado. Faça raspas finas de limão-siciliano e misture bem à carne de cordeiro moída e ao restante do grão-de-bico. Divida em dezoito partes iguais, depois monte bolinhos, deixando a superfície desigual para ficar mais crocante quando assar. Unte levemente uma assadeira de 25 cm x 35 cm com azeite e disponha os bolinhos. Jogue o grão-de-bico reservado por cima e leve ao forno por 30 minutos ou até dourar e cozinhar. Empilhe os pães pita e embrulhe em papel-alumínio, levando ao forno nos últimos 15 minutos.

Enquanto isso, descasque a cenoura e faça fitas com o descascador de legumes. Jogue as folhas de hortelã, esprema o limão-siciliano por cima, adicione um toque de azeite extravirgem e tempere a gosto. Misture com o feta, distribua os bolinhos pela salada e sirva com o pão pita quentinho. Regue com o molho de pimenta e pronto!

CALORIAS	GORDURA	GORDURA SATURADA	PROTEÍNA	CARBOIDRATOS	AÇÚCARES	SAL	FIBRAS
513 kcal	18,2 g	8,3 g	33,6 g	51,8 g	8,2 g	1,5 g	11 g

FRIGIDEIRA

FILÉ COM PRESUNTO CRU E PARMESÃO

ALECRIM, ALHO, ANCHOVA, ESPINAFRE E FEIJÃO-BRANCO

SERVE 2 | 15 MINUTOS NO TOTAL

2 bifes de contrafilé (150 g cada)

50 g de queijo parmesão

2 fatias de presunto cru

1 ramo de alecrim

2 dentes de alho

2 filés de anchova em conserva de óleo

400 g de feijão-branco em conserva

200 g de espinafre baby

Abra uma folha grande de papel-manteiga. Corte e descarte a gordura e as nervuras dos bifes, depois coloque a carne sobre metade do papel-manteiga. Polvilhe generosamente com pimenta-do-reino e parmesão ralado finamente, coloque o presunto cru e as folhas de alecrim por cima e regue com um pouco de azeite. Dobre o papel-manteiga e passe o rolo de massa por cima até chegar a uma espessura de 0,5 cm.

Leve uma frigideira antiaderente de 30 cm ao fogo alto. Quando estiver quente, ponha os bifes, com o lado do presunto para baixo. Grelhe por 2 minutos, depois vire e grelhe por 1 minuto do outro lado, enquanto você descasca e pica finamente o alho. Transfira os bifes para os pratos e reserve. Leve o alho, as anchovas e o feijão-branco com a maior parte da conserva à frigideira quente. Junte o espinafre e cozinhe por 2 minutos ou até murchar, mexendo com frequência. Adicione 1 colher (sopa) de vinagre de vinho tinto, tempere a gosto e sirva ao lado do bife.

CALORIAS	GORDURA	GORDURA SATURADA	PROTEÍNA	CARBOIDRATOS	AÇÚCARES	SAL	FIBRAS
487 kcal	19,9 g	9,1 g	58,7 g	14,4 g	0,7 g	1,7 g	9,4 g

211

FRIGIDEIRA

FILÉ COM MOLHO DE AMENDOIM

CAPIM-LIMÃO, GENGIBRE, GELEIA DE PIMENTA, VEGETAIS CROCANTES E MACARRÃO

SERVE 2 | 15 MINUTOS NO TOTAL

1 talo (tenro) de capim-limão

1 pedaço de 3 cm de gengibre

1 bife de contrafilé (250 g)

20 g de amendoim sem casca e sem sal

320 g de vegetais orientais (repolho, cenoura, pimentão, cebola roxa)

300 g de macarrão para yakissoba

2 colheres (sopa) de geleia de pimenta

1 colher (sopa) de molho teriyaki

Amasse o capim-limão, descarte a camada mais externa e dura e pique bem. Descasque o gengibre e corte em palitos. Abra uma folha de papel-manteiga. Descarte a gordura e as nervuras do bife e disponha a carne sobre metade do papel. Tempere com pimenta-do-reino e espalhe por cima capim-limão, gengibre e amendoim, e regue com um pouco de azeite. Dobre o papel e amasse com um rolo até chegar a uma espessura de 0,5 cm.

Leve uma frigideira antiaderente de 30 cm ao fogo médio-alto. Quando estiver quente, adicione o bife, com o lado do amendoim para baixo. Grelhe por 2 minutos, enquanto pica grosseiramente os vegetais e quebra o macarrão (mantendo ambos separados); em seguida, em uma tigela, afine a geleia de pimenta com 1 colher (sopa) de água. Vire o bife e cozinhe por 1 minuto do outro lado, adicionando a geleia de pimenta ao lado. Quando a geleia começar a chiar, regue a carne com ela e com quaisquer amendoins soltos. Transfira para uma travessa. Passe os vegetais e o macarrão para a frigideira quente e cozinhe por 4 minutos, mexendo com frequência, depois adicione o molho teriyaki, tempere a gosto e sirva com o bife.

CALORIAS	GORDURA	GORDURA SATURADA	PROTEÍNA	CARBOIDRATOS	AÇÚCARES	SAL	FIBRAS
583 kcal	15,2 g	4,3 g	44,4 g	66,6 g	20,6 g	1,5 g	6,8 g

FRIGIDEIRA

PORCO COM SALAME

SÁLVIA, AMÊNDOA, BRÓCOLIS, LENTILHA E TOMATE-CEREJA

SERVE 2 | 17 MINUTOS NO TOTAL

1 filé de carne magra de porco (250 g)

20 g de amêndoas laminadas

1 ramo de sálvia

4 fatias de salame

2 dentes de alho

160 g de tomates-cereja maduros

160 g de brócolis ramoso

250 g de lentilha cozida

Abra uma folha grande de papel-manteiga. Descarte qualquer nervura do porco e corte o filé em dois, depois pegue cada parte e faça um corte de até ¾ de profundidade, de modo que possa abri-la como um livro. Coloque o porco em metade do papel-manteiga e tempere com pimenta-do-reino. Cubra com as amêndoas, as folhas de sálvia e o salame e regue com um pouco de azeite. Dobre o papel-manteiga e amasse com um rolo até chegar a uma espessura de 0,5 cm. Leve uma frigideira antiaderente de 30 cm ao fogo alto. Quando estiver quente, adicione o porco, com o salame para baixo. Cozinhe por 3 minutos, depois vire e cozinhe do outro lado por 1 minuto ou até dourar. Enquanto isso, descasque e pique bem o alho, divida os tomates-cereja ao meio e descarte as extremidades duras dos brócolis, cortando o restante do talo ao meio no sentido do comprimento para acelerar o cozimento.

Transfira o porco para os pratos e leve o alho, o tomate e os brócolis à frigideira. Toste por 2 minutos ou até dourar ligeiramente, então acrescente as lentilhas e um pouco de água. Tampe e cozinhe por 3 minutos ou até o brócolis ficar macio. Tempere a gosto e sirva com o porco.

CALORIAS	GORDURA	GORDURA SATURADA	PROTEÍNA	CARBOIDRATOS	AÇÚCARES	SAL	FIBRAS
509 kcal	22,2 g	5,6 g	49,9 g	28,8 g	5,9 g	1 g	4,6 g

FRIGIDEIRA

PORCO COM PANCETTA DEFUMADA

MARINADA, ABACAXI, RUM, ARROZ E REPOLHO

SERVE 2 | 20 MINUTOS NO TOTAL

2 fatias de abacaxi, mais um pouco de suco

1 filé de porco de 250 g

2 ramos de tomilho

4 fatias de pancetta defumada

2 colheres (chá) de marinada jerk (tempero jamaicano)

50 ml de rum ouro

¼ de repolho branco (250 g)

250 g de arroz cozido

Leve uma frigideira antiaderente de 30 cm ao fogo médio-alto e grelhe levemente as fatias de abacaxi de ambos os lados, transferindo depois para os pratos. Abra uma folha grande de papel-manteiga. Descarte qualquer nervura do porco, corte o filé em dois, depois corte cada parte até ¾ de profundidade, de modo que possa abri-la como um livro. Coloque o porco em metade do papel-manteiga e tempere com pimenta-do-reino. Cubra com as folhas de tomilho, a pancetta, e regue com um pouco de azeite. Dobre o papel-manteiga e amasse com um rolo até chegar a uma espessura de 0,5 cm. Leve o porco à frigideira, com a pancetta para baixo. Cozinhe por 3 minutos, espalhando a marinada no lado de cima, depois vire, adicione o rum e, se quiser, flambe com cuidado (proteja as sobrancelhas!). Deixe no fogo por mais 1 minuto ou até o porco dourar, enquanto você pica bem o repolho.

Transfira o porco para os pratos, despeje um pouco de suco de abacaxi na frigideira e raspe o que grudou no fundo. Acrescente o repolho, depois o arroz, e deixe cozinhar por 3 minutos ou até esquentar tudo. Tempere a gosto e sirva com o porco.

CALORIAS	GORDURA	GORDURA SATURADA	PROTEÍNA	CARBOIDRATOS	AÇÚCARES	SAL	FIBRAS
537 kcal	14,3 g	4,2 g	34,6 g	56,5 g	16,3 g	0,6 g	3,1 g

217

PANELA

BARRIGA DE PORCO ASSADA

FUNCHO ASSADO, SÁLVIA E RISOTO DE AÇAFRÃO

SERVE 6-8, COM SOBRAS DE PORCO | 20 MINUTOS DE PREPARO/ 3H10 DE COZIMENTO

- 2 maços de sálvia (40 g no total)
- 1,7 kg de barriga de porco sem osso, com pele e perfurada (peça para o açougue fazer isso)
- 4 bulbos de funcho grandes
- 500 g de arroz para risoto
- 1 pitada generosa de açafrão
- 150 ml de vinho branco
- 60 g de queijo parmesão

Preaqueça o forno a 220°C. Separe as folhas de sálvia e amasse no pilão com uma boa pitada de sal marinho e pimenta-do-reino. Misture então com 3 colheres (sopa) de azeite e 3 colheres (sopa) vinagre de vinho tinto. Esfregue na peça de porco inteira, depois enrole no sentido do comprimento e prenda com 5 pedaços de barbante culinário. Coloque diretamente sobre a grade do forno com uma panela grande (que possa ir ao forno) na parte de baixo, para recolher o sumo, e asse por 1 hora. Apare os funchos e corte em quatro, reservando quaisquer folhas em uma tigela com água. Tire a panela do forno e acrescente o funcho com o sumo do cozimento. Reduza a temperatura para 180°C e asse por 1h30 ou até cozinhar, mexendo o funcho na metade do tempo.

Transfira a panela para o fogo médio. Com uma pinça, disponha o porco e metade do funcho em uma travessa, cubra com papel-alumínio e deixe descansar. Amasse ou despedace o restante do funcho na panela. Coloque água para ferver. Cozinhe o arroz na panela por 2 minutos, depois acrescente o açafrão. Despeje o vinho e deixe cozinhar. Adicione água fervente, espere até que seja absorvida e então inclua mais. Mexa com frequência, acrescentando água até o arroz cozinhar — deve levar cerca de 20 minutos. Ponha o parmesão ralado finamente e tempere a gosto. Se quiser, jogue mais parmesão, depois acrescente um pouco de água até alcançar uma consistência pegajosa. Tampe a panela, apague o fogo e deixe descansar enquanto descarta os barbantes do porco para trinchá-lo ou fatiá-lo, então cubra com o restante do funcho escorrido. Sirva com o risoto.

CALORIAS	GORDURA	GORDURA SATURADA	PROTEÍNA	CARBOIDRATOS	AÇÚCARES	SAL	FIBRAS
882 kcal	41,6 g	14,2 g	41 g	89,6 g	0,6 g	1,5 g	8,4 g

ASSADEIRA

COXÃO-MOLE ASSADO

BATATA, CENOURA, COUVE-FLOR, CEBOLA, TOMATE E SALSINHA

SERVE 4, COM SOBRAS DE CARNE | 14 MINUTOS DE PREPARO/ 2H20 DE COZIMENTO

1,5 kg de coxão-mole

4 batatas (1 kg no total)

2 cebolas roxas

1 cabeça de alho

6 cenouras grandes

1 couve-flor pequena

1 maço de salsinha (30 g)

350 g de tomates maduros de cores diversas

Preaqueça o forno a 180°C. Regue a carne com 1 colher (sopa) de azeite e tempere generosamente com sal marinho e pimenta-do-reino, esfregando na peça toda. Coloque em uma assadeira de 30 cm x 40 cm e asse por 40 minutos. Enquanto isso, corte as batatas em rodelas de 2 cm de espessura. Descasque e corte ao meio as cebolas. Solte os dentes de alho, sem descascar. Lave a cenoura, descarte as extremidades e corte o resto em pedaços de 2 cm. Descarte as folhas externas e o talo da couve-flor e corte-a em quatro pedaços.

Com uma pinça, coloque a carne diretamente na grade do forno acima daquela em que se encontra a assadeira. Tire a assadeira só para adicionar os vegetais, depois devolva ao forno para que o sumo da carne caia sobre eles enquanto assam. Deixe por 40 minutos, então transfira a carne para um prato, cubra com papel-alumínio e um pano de prato limpo e deixe descansar. Sacuda a assadeira de vegetais e asse por mais 1 hora ou até dourar bem. Enquanto isso, separe as folhas de salsinha e pique bem com os tomates, então junte 2 colheres (sopa) de azeite extravirgem e 2 colheres (sopa) de vinagre de vinho tinto e tempere a gosto. Regue a mistura com o que restar do sumo, fatie a carne o mais fino que conseguir e sirva tudo junto.

CALORIAS	GORDURA	GORDURA SATURADA	PROTEÍNA	CARBOIDRATOS	AÇÚCARES	SAL	FIBRAS
740 kcal	31,7 g	9,9 g	45,3 g	73,1 g	19,8 g	1,1 g	13 g

PANELA

COSTELINHA COM MEL E LIMÃO-SICILIANO

CEBOLA, FUNCHO E ALHO, BATATA E ORÉGANO

SERVE 4 | 16 MINUTOS DE PREPARO/ 2H10 DE COZIMENTO

2 cebolas roxas

1 bulbo de funcho grande

750 g de batata

1 cabeça de alho

1 limão-siciliano

4 colheres (sopa) de mel

1,4 kg de costelinha de porco

½ maço de orégano (10 g)

Preaqueça o forno a 180°C. Ponha uma chaleira de água para ferver. Leve uma panela grande e rasa (que possa ir ao forno depois) ao fogo médio-alto. Descasque as cebolas e corte em quatro, apare o funcho e corte em quatro, lave e esfregue as batatas, depois corte ao meio ou em quatro, dependendo do tamanho. Coloque tudo na panela seca e cozinhe por 10 minutos ou até começar a grudar no fundo, mexendo de vez em quando. Adicione os dentes de alho sem casca e 100 ml de água fervente, tempere com sal marinho e pimenta-do-reino e aumente o fogo para alto. Deixe cozinhando enquanto você espreme o limão-siciliano em uma tigela com o mel e reserva. Divida cada costelinha em dois pedaços, regue com 1 colher (sopa) de azeite, esfregue uma pitada de sal e pimenta na carne, depois coloque sobre os vegetais e pressione, tampando-os com a carne. Leve ao forno e asse por 1h30, virando as costelinhas na metade do tempo.

Tire a panela do forno, vire as costelinhas de novo e use o maço de orégano para espalhar a mistura de mel e limão-siciliano em toda a carne. Depois, pique grosseiramente as folhas e jogue-as por cima. Volte a panela ao forno, reduza a temperatura para 150°C e cozinhe por mais 30 minutos ou até a carne estar macia. Transfira as costelinhas para a tábua, esprema o alho para fora da casca e amasse com o sumo da panela. Gosto de servir este prato com uma salada verde.

CALORIAS	GORDURA	GORDURA SATURADA	PROTEÍNA	CARBOIDRATOS	AÇÚCARES	SAL	FIBRAS
629 kcal	26,6 g	9,2 g	38,6 g	63,8 g	23,8 g	1,1 g	7,4 g

FRIGIDEIRA

COZIDO FÁCIL DE CORDEIRO

ERVILHA, HORTELÃ, ALCACHOFRA E BATATA CROCANTE

SERVE 4 | 14 MINUTOS DE PREPARO/ 50 MINUTOS DE COZIMENTO

280 g de coração de alcachofra em conserva

400 g de pescoço de cordeiro

1 maço de cebolinha

1 colher (sopa) cheia de farinha

1 maço de hortelã (30 g)

400 g de ervilhas congeladas

2 batatas pequenas (400 g no total)

Preaqueça o forno a 180°C. Ponha uma chaleira de água para ferver. Leve ao fogo alto uma frigideira de 30 cm (que possa ir ao forno depois) com 1 colher (sopa) do óleo da conserva de alcachofra. Corte a carne em pedaços de 1 cm de espessura e leve à frigideira para dourar por inteiro, mexendo com frequência. Apare a cebolinha e corte em pedaços de 2 cm, depois leve à frigideira com a alcachofra escorrida. Tempere com sal marinho e pimenta-do-reino e junte a farinha e 1 colher (sopa) de vinagre de vinho tinto. Mexendo sempre, despeje aos poucos 600 ml de água fervente. Deixe cozinhar até engrossar, mexendo de vez em quando. Separe e pique bem as folhas de hortelã e leve à panela com as ervilhas congeladas. Apague o fogo. Lave e esfregue as batatas, corte em rodelas de 0,5 cm e as disponha por cima, pressionando um pouco com uma espátula para que um pouco do líquido do ensopado as cubra. Asse por 50 minutos ou até dourar e sirva.

CALORIAS	GORDURA	GORDURA SATURADA	PROTEÍNA	CARBOIDRATOS	AÇÚCARES	SAL	FIBRAS
486 kcal	24,6 g	9,6 g	29,6 g	38 g	3,8 g	1,4 g	7,8 g

ASSADEIRA

PATO ASSADO COM MEXERICA

GENGIBRE, ALHO, COUVE, MOLHO HOISIN, MACARRÃO E PIMENTA

SERVE 4, COM SOBRAS DE CARNE | 22 MINUTOS DE PREPARO/ 2H10 DE COZIMENTO

2 mexericas ou laranjas

1 pato inteiro (2 kg)

1 cabeça de alho

1 pedaço de 10 cm de gengibre

3 colheres (sopa) de molho Hoisin

300 g de couve

240 g de macarrão ninho com ovos de tamanho médio

óleo de pimenta chinês

Preaqueça o forno a 190°C. Faça raspas finas com a casca das mexericas e leve ao pilão com uma boa pitada de sal marinho e pimenta-do-reino. Amasse bem e então adicione 1 colher (sopa) de azeite. Coloque o pato em uma assadeira de 25 cm x 35 cm e esfregue a mistura em toda a carne. Separe os dentes de alho. Descasque o gengibre e pique-o grosseiramente. Ponha os dois dentro do pato e asse por 2 horas.

Leve uma chaleira de água ao fogo. Com uma pinça, levante o pato para que o alho e o gengibre caiam na assadeira, depois transfira-o para uma tábua, pincele com 2 colheres (sopa) de molho Hoisin e deixe descansar. Passe o excesso de gordura na assadeira para um vidro com tampa (guarde para cozinhar outro dia) e use um garfo para amassar o gengibre e os dentes de alho na assadeira, descartando a casca. Leve a assadeira ao fogo médio na boca do fogão e adicione um pouco de água para raspar o fundo. Acrescente a couve e mexa por 5 minutos, depois junte o macarrão, use a pinça para colocá-lo sob as folhas e despeje 600 ml de água fervente. Cozinhe por 5 minutos ou até que esteja no ponto, enquanto você descasca e fatia as mexericas. Adicione 1 colher (sopa) de molho Hoisin ao macarrão com couve, tempere a gosto e adicione o óleo de pimenta chinês, a gosto. Sirva com o pato, as fatias de mexerica e mais um pouco de óleo de pimenta.

CALORIAS	GORDURA	GORDURA SATURADA	PROTEÍNA	CARBOIDRATOS	AÇÚCARES	SAL	FIBRAS
370 kcal	14 g	3,7 g	35,5 g	27,4 g	6,9 g	1,4 g	2,9 g

ASSADEIRA

CORDEIRO COM TAPENADE DE PISTACHE

GRÃO-DE-BICO, CUSCUZ MARROQUINO FOFINHO, HORTELÃ, LIMÃO-SICILIANO E TOMATE

SERVE 2 | 31 MINUTOS NO TOTAL

30 g de pistache sem sal

1 maço de hortelã (30 g)

1 colher (sopa) de tapenade de azeitona verde

1 limão-siciliano

4 costeletas de cordeiro (400 g)

400 g de grão-de-bico em conserva

100 g de cuscuz marroquino integral

1 tomate verônica grande

Preaqueça o forno a 180°C. Amasse o pistache no pilão com as folhas de hortelã, reservando as mais bonitas, e misture com a tapenade. Pique bem metade do limão-siciliano, com casca e tudo, descartando as sementes. Ponha uma chaleira de água para ferver. Leve uma assadeira pequena ao fogo médio-alto com 1 colher (sopa) de azeite. Tempere as costeletas de cordeiro e sele dos dois lados até dourar, depois transfira para a tábua.

Apague o fogo e despeje o grão-de-bico na assadeira com o líquido da conserva. Adicione o limão-siciliano picado e o cuscuz e tempere com sal marinho e pimenta-do-reino, depois cubra com água fervente. Corte o tomate em rodelas finas e disponha sobre o cuscuz. Posicione as costeletas por cima, com a tapenade. Leve ao forno por 15 minutos, então jogue as folhas de hortelã reservadas por cima e sirva com gomos de limão-siciliano, para espremer.

CALORIAS	GORDURA	GORDURA SATURADA	PROTEÍNA	CARBOIDRATOS	AÇÚCARES	SAL	FIBRAS
881 kcal	53,7 g	18,2 g	42,7 g	57,9 g	4,4 g	1,5 g	11,6 g

PANELA

SOPA PICANTE DO JAMIE

KIMCHI, PORCO, VEGETAIS, OVO, PIMENTA E BOLINHOS COZIDOS

SERVE 4 | 21 MINUTOS NO TOTAL

250 g de carne suína magra moída

100 g de kimchi

1,5 litro de caldo de frango

100 g de farinha com fermento

320 g de vegetais orientais (repolho, cenoura, pimentão, cebola roxa)

2 colheres (sopa) de shoyu light

1 colher (sopa) de óleo de pimenta chinês

2 ovos

Leve uma panela funda ao fogo alto com um pouco de azeite, junte a carne suína moída, soltando seus pedaços com uma colher de pau. Cozinhe até dourar levemente, mexendo com frequência, depois adicione o kimchi picado. Despeje o caldo de frango e deixe ferver. Enquanto isso, com um garfo, misture a farinha e 60 ml de água até formar uma massa homogênea.

Pegue colheradas de massa e enrole rapidamente na tábua, com a palma da mão, para formar bolinhos irregulares, juntando-os depois ao caldo fervendo. Pique finamente e adicione os vegetais. Junte o shoyu, 2 colheres (sopa) de vinagre de vinho tinto e óleo de pimenta chinês. Prove e acerte os temperos, em seguida, bata os ovos com um garfo, junte ao caldo e deixe por 30 segundos ou até cozinhar. Sirva com um pouco mais de óleo de pimenta chinês.

CALORIAS	GORDURA	GORDURA SATURADA	PROTEÍNA	CARBOIDRATOS	AÇÚCARES	SAL	FIBRAS
314 kcal	11,3 g	3 g	28,7 g	25,5 g	4,8 g	1,7 g	4,2 g

ASSADEIRA

ALMÔNDEGAS GIGANTES AO CURRY

CORDEIRO, LENTILHA E CHUTNEY DE MANGA, ARROZ FOFINHO, ESPINAFRE E IOGURTE

SERVE 6 | **12 MINUTOS DE PREPARO / 1 HORA DE COZIMENTO**

400 g de lentilhas em conserva

500 g de carne magra de cordeiro

4 colheres (sopa) de pasta de curry madras

4 pimentas dedo-de-moça

300 g de arroz basmati

400 g de espinafre congelado

6 colheres (chá) de chutney de manga

4 colheres (sopa) de iogurte natural

Preaqueça o forno a 200°C. Unte uma assadeira de 25 cm x 35 cm com um pouco de azeite. Escorra bem as lentilhas, depois misture bem com a carne de cordeiro moída, o curry e uma pitada de sal marinho e pimenta-do-reino. Divida em seis partes iguais, molde almôndegas e leve à assadeira. Fure as pimentas e disponha na assadeira, levando então ao forno por 20 minutos.

Tire a assadeira do forno e separe as pimentas. Espalhe o arroz em volta das almôndegas, despeje 600 ml de água fervente e adicione o espinafre congelado. Ponha os pimentões por cima, cubra com papel-alumínio e asse por mais 20 minutos. Tire a assadeira do forno, levante o papel-alumínio e use um garfo para misturar o espinafre ao arroz. Volte a cobrir com o papel-alumínio e asse por mais 20 minutos ou até que o arroz esteja fofinho. Tire o papel-alumínio, pincele a parte de cima de cada almôndega com 1 colher (chá) de chutney de manga, afofe o arroz com espinafre e tempere a gosto. Fatie finamente parte da pimenta assada e jogue sobre a comida, a gosto. Sirva com colheradas de iogurte e mais chutney de manga, se quiser.

VERSÃO VEGETARIANA

É só não usar a carne de cordeiro moída e bater o restante no processador de alimentos, para ajudar a formar as almôndegas. Tome cuidado para que não quebrem na manipulação.

CALORIAS	GORDURA	GORDURA SATURADA	PROTEÍNA	CARBOIDRATOS	AÇÚCARES	SAL	FIBRAS
441 kcal	14,2 g	5,8 g	26,5 g	54,4 g	5,7 g	1 g	1,6 g

FRIGIDEIRA

FILÉ COM MISSÔ

MACARRÃO, COUVE-CHINESA, CEBOLINHA, LIMÃO E PIMENTA

SERVE 2 | 14 MINUTOS NO TOTAL

1 bife de contrafilé (120 g)

1 maço de cebolinha

1 pimenta dedo-de-moça

½ couve-chinesa

300 g de macarrão de yakissoba

2 colheres (chá) cheias de pasta de missô vermelho

2 limões

1 colher (chá) de mel

Tempere a carne com pimenta-do-reino. Com uma pinça, leve a uma frigideira antiaderente de 30 cm em fogo médio-alto, pressionando com o lado da gordura para baixo. Quando a gordura estiver crocante e dourada, sele a carne por 2 minutos de cada lado ou até o ponto desejado. Apare a cebolinha, corte a pimenta ao meio no sentido do comprimento e adicione tudo à frigideira, transferindo para um prato quando estiverem grelhadas e depois colocando o bife por cima para descansar.

Fatie bem a couve-chinesa, no sentido do comprimento, e leve à frigideira quente. Quebre e espalhe o macarrão, mexendo com frequência até começar a grudar no fundo. Enquanto isso, misture o missô com o sumo de 1½ limão e o mel, adicionando água para formar um molho ralo. Divida o macarrão e a couve-chinesa entre os pratos, espalhe a cebolinha e a pimenta por cima, junte o contrafilé fatiado fino e regue com o molho de missô e qualquer sumo que se formar. Sirva com gomos de limão, para espremer.

VERSÃO VEGETARIANA

Troque a carne por 2 cogumelos portobello. Grelhe-os na frigideira seca por 8 minutos ou até cozinharem bem, depois despeje o molho de missô por cima, deixe descansar e fatie.

CALORIAS	GORDURA	GORDURA SATURADA	PROTEÍNA	CARBOIDRATOS	AÇÚCARES	SAL	FIBRAS
398 kcal	10,7 g	3,9 g	25,2 g	49,2 g	8,1 g	1,9 g	3,5 g

COZINHANDO EM GRANDES QUANTIDADES, VOCÊ ECONOMIZA TEMPO E DINHEIRO. ASSIM, SEMPRE TERÁ SOLUÇÕES CONVENIENTES, SABOROSAS E CASEIRAS PRONTAS PARA A PRÓXIMA REFEIÇÃO. APROVEITE O RITUAL!

COZINHANDO EM GRANDES QUANTIDADES

PANELA

CHILI DE BATATA-DOCE

FEIJÃO-PRETO, CHIPOTLE, COMINHO, COENTRO E FETA

SERVE 12 | 12 MINUTOS DE PREPARO/ 2 HORAS DE COZIMENTO

6 batatas-doces (250 g cada)

1 colher (chá) de sementes de cominho

95 g de pasta de pimenta chipotle

500 g de cebola, cenoura e salsão picados, frescos ou congelados

½ maço de coentro (15 g)

1,2 kg de feijão-preto em conserva

1,2 kg de tomate pelado em lata

60 g de queijo feta

Preaqueça o forno a 180°C. Leve uma panela grande e funda (que possa ir ao forno) ao fogo médio-alto. Descasque as batatas-doces e transfira para a panela. Adicione 1 colher (sopa) de azeite e grelhe por 5 minutos, virando de vez em quando, até dourar. Empurre para um lado e adicione o cominho. Quando chiar, acrescente a pasta de pimenta chipotle e aproximadamente 200 ml de água. Junte os vegetais picados e os talos de coentro (reserve as folhas). Asse por 1 hora.

Retire a panela do forno e junte o feijão-preto com o líquido da conserva, depois os tomates, amassando-os com as mãos limpas, e 400 ml de água. Mexa bem e asse por mais 1 hora ou até a batata-doce ficar macia. Tempere a gosto. Espalhe o feta e as folhas de coentro por cima antes de servir. Você pode fazer a mais e guardar na geladeira ou no congelador para o futuro. Vire a página para ver minhas combinações preferidas para as sobras.

CALORIAS	GORDURA	GORDURA SATURADA	PROTEÍNA	CARBOIDRATOS	AÇÚCARES	SAL	FIBRAS
229 kcal	3,4 g	1 g	8,8 g	38,8 g	13 g	0,6 g	12 g

NACHOS COM CHILI DE BATATA-DOCE

Aqueça bem o chili, depois coloque chips de tortilha de milho em volta e rale um pouco de cheddar (tipo inglês) por cima. Finalize com fatias de pimenta jalapeño e folhas de coentro ou hortelã, se tiver.

QUESADILLA COM CHILI DE BATATA-DOCE

Para duas porções, coloque sobras de batata-doce amassada e cheddar (tipo inglês) entre duas tortilhas e doure dos dois lados na frigideira quente. Aqueça bem o chili e misture com pimenta jalapeño, iogurte e coentro.

SOPA DE CHILI DE BATATA-DOCE E AVOCADO

Faça rodelas das sobras de batata-doce. Bata um pouco do chili no liquidificador, afinando com um pouco de água, se necessário. Aqueça bem tudo e sirva com pedaços de avocado maduro, folhas de coentro, iogurte ou sour cream e tortilha.

SALADA COM CHILI DE BATATA-DOCE

Aqueça bem o chili e sirva com arroz e uma salada crocante (sugiro cenoura ralada e tomates com sumo de limão-siciliano e coentro). Finalize com iogurte e sour cream, um pouco de molho de pimenta e queijo feta.

WRAP COM CHILI DE BATATA-DOCE

Aqueça bem o chili, espalhe sobre uma tortilha quente e junte alface picada, folhas de hortelã e um pouco de queijo feta. Sirva com um gomo de limão, para espremer.

BATATA RECHEADA COM CHILI DE BATATA

Um clássico: aqueça bem o chili, recheie uma batata assada e sirva com uma colherada de iogurte ou sour cream, um pouco de queijo feta e folhas de coentro, se tiver.

PANELA

MOLHO À BOLONHESA MEIO A MEIO

CARNE, LENTILHA, VEGETAIS AROMÁTICOS, PANCETTA DEFUMADA E ALECRIM

SERVE 12 | 2H40 NO TOTAL

½ maço de alecrim (10 g)

6 fatias de pancetta defumada

750 g de carne bovina ou suína moída

8 dentes de alho

500 g de cebola, cenoura e salsão picados, frescos ou congelados

5 colheres (sopa) de vinagre balsâmico

1,2 kg de lentilhas em conserva

1,2 kg de tomate pelado em lata

Leve uma panela grande e funda ao fogo médio-alto. Separe e pique bem as folhas de alecrim e a pancetta e leve tudo à panela com 3 colheres (sopa) de azeite, mexendo com frequência, até dourar. Junte a carne moída e solte-a com as costas da colher. Deixe cozinhar por 15 minutos, mexendo com frequência. Descasque e fatie bem o alho e adicione, junto com os vegetais picados. Tempere com sal marinho e pimenta-do-reino e cozinhe por mais 15 minutos, ainda mexendo com frequência.

Junte o vinagre balsâmico e depois a lentilha com o líquido da conserva. Acrescente os tomates, amassando-os com as mãos limpas, e 1 litro de água. Deixe ferver, e cozinhe em fogo médio-baixo por 2 horas ou até engrossar, mexendo de vez em quando. Tempere a gosto. Você pode fazer a mais e guardar na geladeira ou no congelador para o futuro. Vire a página para ver minhas combinações preferidas para as sobras.

CALORIAS	GORDURA	GORDURA SATURADA	PROTEÍNA	CARBOIDRATOS	AÇÚCARES	SAL	FIBRAS
287 kcal	14,8 g	5,2 g	19,8 g	19 g	8 g	0,4 g	2,2 g

PAPPARDELLE À BOLONHESA

Em uma frigideira em fogo alto, misture uma porção de molho à bolonhesa com 300 ml de água fervente. Corte 125 g de folhas de massa de lasanha fresca em tiras de 2 cm, adicione ao molho e cozinhe por 4 minutos, mexendo sempre. Sirva com parmesão.

MACARRÃO À BOLONHESA DE FORNO

Pegue qualquer macarrão cozido que sobrar — pode ser espaguete, gravatinha, penne ou o que tiver em casa — e misture em uma assadeira com molho à bolonhesa. Espalhe mozarela de búfala e parmesão ralado por cima e asse até dourar e borbulhar.

SANDUÍCHE DE CARNE MOÍDA

Aqueça bem o molho à bolonhesa, recheie um pão tostado e adicione gruyère ralado — você pode levar ao forninho para derreter o queijo. Gosto de acompanhar com picles.

TORTA MADALENA

Cozinhe batatas e batatas-doces descascadas e cortadas em pedaços em uma panela rasa, até ficarem macias. Escorra, amasse e misture com um pouco de azeite ou manteiga, depois tempere a gosto. Coloque metade do purê de base, adicione o molho à bolonhesa e cubra com o restante do purê. Asse até dourar.

PANELA

ENSOPADO DE LENTILHA PICANTE
ALHO, GENGIBRE, TOMATE, LEITE DE COCO E CHUTNEY DE MANGA

SERVE 14 | 1 HORA NO TOTAL

- 500 g de cebola, cenoura e salsão picados, frescos ou congelados
- 1 pedaço de gengibre de 8 cm
- 8 dentes de alho
- 3 colheres (sopa) cheias de pasta de curry jalfrezi
- 3 colheres (sopa) de chutney de manga
- 1 kg de lentilhas vermelhas
- 1,380 kg de passata de tomate
- 800 ml de leite de coco light

Leve uma panela grande e funda ao fogo médio com 1 colher (sopa) de azeite e os vegetais picados. Cozinhe por 10 minutos, mexendo com frequência, enquanto você descasca e pica bem o gengibre e o alho. Junte tudo à panela com a pasta de curry e cozinhe por 5 minutos, mexendo de vez em quando. Adicione o chutney de manga e a seguir as lentilhas, depois a passata e 3 vidros de água (utilizando o vidro da passata como medida). Tampe, deixe abrir fervura e cozinhe em fogo baixo por 40 minutos, mexendo na metade do tempo. Adicione o leite de coco e tempere a gosto. Você pode fazer a mais e guardar na geladeira ou no congelador para o futuro. Vire a página para ver minhas combinações preferidas para as sobras.

CALORIAS	GORDURA	GORDURA SATURADA	PROTEÍNA	CARBOIDRATOS	AÇÚCARES	SAL	FIBRAS
347 kcal	7,8 g	3,6 g	19,4 g	52 g	11,2 g	0,5 g	2 g

PEIXE BRANCO COM LENTILHA

Em uma frigideira, afine um pouco do ensopado de lentilha com água e acrescente filés de peixe branco sem pele, camarões sem casca e brócolis. Tampe e cozinhe até ficar pronto e bem quente. Sirva com harissa.

SOPA DE LENTILHA COM *PANEER*

Em uma panela, frite cubos de *paneer* (queijo branco) com pimenta dedo-de-moça fatiada até dourar levemente e reserve. Aqueça bem um pouco do ensopado na panela, afinando com água até chegar a uma consistência de sopa. Sirva com *paneer*, pimenta, coentro fresco e paparis.

OVOS COM HARISSA E LENTILHA

Aqueça bem um pouco de ensopado na frigideira, até engrossar e começar a pegar no fundo, depois transfira para uma tigela com salada temperada com vinagre balsâmico. Ponha por cima ovos fritos até o ponto desejado e regue com harissa.

SANDUÍCHE DE LENTILHA

Recheie 2 fatias de pão de fôrma com lentilha e cheddar (tipo inglês) ou o queijo que preferir e toste. O pão pode ser branco, integral ou com grãos — a escolha é sua! Fica delicioso acompanhado de chutney de manga.

ASSADEIRA

PORCO DE COZIMENTO LENTO DESFIADO

MAÇÃ, CENOURA, NOZ-MOSCADA, VINAGRE E SÁLVIA

SERVE 14 | 15 MINUTOS DE PREPARO/ 5 HORAS DE COZIMENTO

½ paleta de porco com osso (4,5 kg)

1 noz-moscada, para ralar

4 cebolas roxas

4 cenouras grandes

4 maçãs

1 maço de sálvia (20 g)

1 cabeça de alho

Preaqueça o forno a 200°C. Nesta receita, é importante usar uma assadeira em que o porco caiba certinho. Coloque a paleta de porco na assadeira e regue com 2 colheres (sopa) de azeite e 2 colheres (sopa) de vinagre de vinho tinto, polvilhe com a noz-moscada inteira ralada, tempere generosamente com sal marinho e pimenta-do-reino e esfregue bem na carne. Descasque e corte ao meio as cebolas. Lave, apare e corte as cenouras ao meio no sentido do comprimento. Corte as maçãs em quatro e descarte o miolo. Separe as folhas de sálvia. Erga o porco e acomode as cebolas, as cenouras, as maçãs, as folhas de sálvia e a cabeça de alho inteira sob ele. Asse por 2 horas, depois reduza o fogo para 150°C e cozinhe por mais 3 horas ou até que a carne desfie facilmente, borrifando, se necessário, um pouco de água para que não seque.

Tire toda a pele torrada e reserve. Transfira o porco para uma tábua. Guarde a gordura acumulada na assadeira em um vidro com tampa (para usar outro dia), depois esprema o alho macio para fora da casca e amasse junto com as cenouras, cebolas e maçãs. Volte o porco para a assadeira, use dois garfos para desfiar a carne, descartando ossos e cartilagens. Misture bem com o líquido da assadeira e tempere a gosto. Disponha a pele torrada por cima da carne na assadeira. Desfrute na hora ou mantenha no forno até a refeição. Você pode fazer a mais e guardar na geladeira ou no congelador. Vire a página para ver minhas combinações preferidas para as sobras.

CALORIAS	GORDURA	GORDURA SATURADA	PROTEÍNA	CARBOIDRATOS	AÇÚCARES	SAL	FIBRAS
376 kcal	26,2 g	8,4 g	28,6 g	7,2 g	5,4 g	0,4 g	1,6 g

SANDUÍCHE DE PORCO DESFIADO

Em uma panela, aqueça o porco com um pouco de água, até dourar levemente, depois recheie um pão de hambúrguer junto com mostarda integral, queijo, cebola frita crocante, rúcula e picles.

MACARRÃO COM PORCO DESFIADO

Em uma frigideira, aqueça o porco com um pouco de água, pimenta dedo-de-moça fatiada e amendoim, até ficar crocante, depois misture com vinagre de vinho tinto, mel e macarrão cozido. Sirva em uma folha de alface, com um gomo de limão.

ARROZ FRITO COM PORCO DESFIADO

Em uma frigideira, aqueça o porco com um pouco de água, molho Hoisin, ervilhas congeladas e arroz cozido, depois quebre um ovo por cima e misture. Sirva com cebolinha picada e um gomo de laranja.

PORCO DESFIADO COM FEIJÃO-BRANCO

Em uma frigideira, aqueça o porco com um pouco de água até ficar crocante. Reserve. Cozinhe o feijão-branco em conserva até o líquido reduzir. Sirva com ervas frescas e picles rápido de cebola roxa picado finamente.

PORCO BENEDITINO

Em uma frigideira, aqueça o porco com um pouco de água até ficar crocante. Frite um ovo e murche um pouco de espinafre baby ao lado. Misture um pouco de mostarda e creme de leite fresco. Coloque tudo dentro de um pão tostado com manteiga na parte de baixo.

PIZZA DE PORCO DESFIADO

Incremente uma pizza margherita com um pouco de porco desfiado, pimenta dedo-de-moça fatiada e brócolis (cortados ao meio no sentido do comprimento) e asse de acordo com as instruções do pacote, ou faça a sua pizza do zero. Sirva com azeite extravirgem.

253

PANELA

ENSOPADO DE ABÓBORA E GRÃO-DE-BICO

PIMENTÃO, COGUMELO, ALHO, TAPENADE DE AZEITONA PRETA E TOMATE

SERVE 12 | 33 MINUTOS DE PREPARO/ 1H30 DE COZIMENTO

1 abóbora-manteiga (1,2 kg)

400 g de cogumelos-de-paris

4 cebolas

4 pimentões coloridos

2 dentes de alho

2 colheres (sopa) de tapenade de azeitona preta

1,5 kg de grão-de-bico em conserva

800 g de tomate pelado em lata

Preaqueça o forno a 180°C. Lave a abóbora, apare e descarte as extremidades (não precisa descascar), então abra ao meio com cuidado no sentido do comprimento, descartando as sementes. Coloque-a com a casca para baixo diretamente sobre a grade do forno. Leve uma panela grande e funda ao fogo alto. Toste os cogumelos por 10 minutos, para acentuar o sabor, mexendo com frequência. Enquanto isso, descasque as cebolas, descarte as sementes dos pimentões e pique ambos grosseiramente. Leve tudo à panela e cozinhe por mais 10 minutos, mexendo com frequência. Descasque e fatie bem o alho e adicione à panela com 2 colheres (sopa) de azeite, 2 colheres (sopa) de vinagre de vinho tinto e a tapenade. Depois que o líquido evaporar, adicione o grão-de-bico com o líquido da conserva, os tomates, amassando-os com as mãos limpas, e 2 latas de água (utilize a lata do tomate como medida). Assim que ferver, ponha as metades de abóbora sobre o guisado, com a casca para baixo, e leve para assar por 1h30 ou até engrossar e a abóbora ficar macia.

Com uma colher de servir, despedace a abóbora e incorpore ao resto do ensopado, depois tempere a gosto. Você pode fazer a mais e guardar na geladeira ou no congelador para o futuro. Vire a página para ver minhas combinações preferidas para as sobras.

CALORIAS	GORDURA	GORDURA SATURADA	PROTEÍNA	CARBOIDRATOS	AÇÚCARES	SAL	FIBRAS
181 kcal	4,4 g	0,6 g	8,2 g	28,6 g	12,4 g	0,2 g	8 g

CURRY DE ABÓBORA E GRÃO-DE-BICO

Em uma panela, aqueça bem o ensopado com um pouco de pasta de curry korma, depois adicione espinafre baby e deixe murchar. Sirva com seu arroz preferido, uma colherada de iogurte e uma colherada de chutney de manga, e paparis para acompanhar.

TORRADA COM ABÓBORA E GRÃO-DE-BICO

Aqueça bem o ensopado, depois sirva com uma fatia grossa de pão com manteiga torrado, seu pesto preferido, mozarela de búfala e folhas frescas de manjericão, se tiver.

ABÓBORA E GRÃO-DE-BICO À ESPANHOLA

Em uma panela, aqueça bem o ensopado, depois empurre de um lado e frite batatinhas em conserva e linguiça fatiada para servir junto. Finalize com bastante salsinha e limão-siciliano espremido.

CUSCUZ COM ABÓBORA E GRÃO-DE-BICO

Aqueça bem um pouco de ensopado, depois misture com iogurte natural e um pouco de harissa. Sirva sobre o cuscuz marroquino fofinho, com folhas de coentro ou hortelã, se tiver.

ESTE CAPÍTULO É UMA DELÍCIA. CRIADAS COM AMOR E CARINHO, AS RECEITAS A SEGUIR SERVEM TANTO PARA O CHÁ DA TARDE QUANTO PARA A SOBREMESA, E VÃO ENCANTAR VOCÊ.

BOLOS E SOBREMESAS

ASSADEIRA

BOLO DE CHOCOLATE COM FRUTA

CREME DE LEITE FRESCO E PEDAÇOS DE MEXERICA

SERVE 20 | 1 HORA NO TOTAL, MAIS O TEMPO DE ESFRIAR

450 g de manteiga sem sal em temperatura ambiente, e mais um pouco para untar

650 g de açúcar de confeiteiro

4 ovos grandes

250 g de farinha com fermento

2 colheres (chá) de fermento em pó

75 g de cacau em pó

300 g de gomos de mexerica, mais um pouco de suco

150 g de cream cheese light

Preaqueça o forno a 180°C. Unte uma assadeira de 25 cm x 30 cm e forre com papel-manteiga úmido. No processador, bata 250 g de manteiga e 250 g de açúcar de confeiteiro, depois junte os ovos, a farinha, o fermento em pó, 50 g de cacau e um pouco do sumo de mexerica, até ficar homogêneo. Use uma espátula para espalhar a mistura com cuidado na assadeira em uma camada uniforme, depois asse por 20 minutos ou até crescer (e o palito inserido sair limpo). Tire do forno, deixe descansar por 5 minutos e transfira para uma grade para esfriar completamente.

Enquanto isso, bata no processador 200 g de manteiga e 400 g de açúcar de confeiteiro até ficar claro e fofinho, depois adicione o cream cheese, afinando com um pouco de sumo de mexerica, se necessário. Reserve os gomos de mexerica. Em uma tábua, corte com cuidado o bolo frio ao meio de modo a ficar com dois retângulos iguais (gosto de usar uma faca de pão passada na água quente da torneira para que corra mais fácil). Espalhe ⅓ do creme de manteiga sobre a parte de baixo do bolo, cubra com os gomos de mexerica e encaixe a parte de cima do bolo. Apare as beiradas para ficar mais bonito, se quiser (você já pode comer as sobras na hora!). Bata 25 g de cacau com o restante do creme de manteiga e use para cobrir o bolo, fazendo picos com as costas da colher.

CALORIAS	GORDURA	GORDURA SATURADA	PROTEÍNA	CARBOIDRATOS	AÇÚCARES	SAL	FIBRAS
379 kcal	21,5 g	13,1 g	4 g	45,3 g	35,1 g	0,4 g	0,9 g

ASSADEIRA

TORTA DA PETAL

LIMÃO-SICILIANO, SUSPIRO E GELEIA DE CASSIS

SERVE 12 | **37 MINUTOS NO TOTAL**

- 100 g de manteiga sem sal em temperatura ambiente, e mais um pouco para untar
- 150 g de açúcar, e mais um pouco para polvilhar
- 4 ovos grandes
- 500 ml de leite semidesnatado
- 200 g de farinha com fermento
- 2 limões-sicilianos
- 200 g de geleia de cassis
- 2 suspiros grandes (25 g total)

Preaqueça o forno a 180°C. Unte levemente uma assadeira de 20 cm x 30 cm com manteiga e açúcar. Para fazer a massa, bata bem a manteiga e o açúcar no processador. Adicione os ovos, o leite, a farinha e as raspas de limão-siciliano e bata mais. Espalhe a geleia de cassis na assadeira, esprema o limão-siciliano em cima, adicione 2 colheres (sopa) de água e mexa com cuidado, espalhando por toda a base. Despeje a massa e asse na grade do meio do forno por 25 minutos ou até crescer e apresentar um leve calombo no meio. Assim que sair do forno, esse calombo vai afundar, portanto, leve a torta direto para a mesa e quebre o suspiro por cima, na frente dos seus convidados, enquanto eles comemoram.

INSPIRAÇÃO

Comecei pensando em uma torta de limão, mas me empolguei com a ideia das *clafoutis* francesas e criei esta delícia. O sabor pungente do cassis combina perfeitamente com a textura esponjosa da torta, mas sinta-se livre para experimentar com outras geleias também.

CALORIAS	GORDURA	GORDURA SATURADA	PROTEÍNA	CARBOIDRATOS	AÇÚCARES	SAL	FIBRAS
270 kcal	9,9 g	5,3 g	5,6 g	41,9 g	29,5 g	0,3 g	0,8 g

ASSADEIRA

BOLO COM FUDGE E TÂMARAS
COBERTURA DE UÍSQUE E CREME DE LEITE FRESCO

SERVE 16 | **50 MINUTOS NO TOTAL**

400 g de tâmaras medjool sem caroço

400 g de manteiga sem sal em temperatura ambiente

400 g de açúcar mascavo claro

50 ml de uísque

250 g de creme de leite fresco

4 ovos grandes

300 g de farinha com fermento

125 g de fudge

Preaqueça o forno a 180°C. Ponha água para ferver. Leve as tâmaras ao processador com 300 ml de água fervente, certificando-se de que estejam submersas. Coloque uma assadeira de 20 cm x 30 cm no fogo médio da boca do fogão com 250 g de manteiga, 250 g de açúcar, o uísque e o creme de leite fresco. Cozinhe até engrossar um pouco e pegar cor, mexendo com cuidado de vez em quando. Transfira então para uma jarra.

Adicione 150 g de manteiga e 150 g de açúcar ao processador com as tâmaras e bata. Acrescente os ovos e a farinha e bata até misturar bem. Despeje na assadeira vazia, esmigalhe o fudge por cima e asse por 35 minutos ou até dourar (e um palito inserido sair limpo). Sirva quente, com bastante cobertura.

CALORIAS	GORDURA	GORDURA SATURADA	PROTEÍNA	CARBOIDRATOS	AÇÚCARES	SAL	FIBRAS
462 kcal	26,4 g	15,9 g	4,6 g	53 g	37,3 g	0,3 g	1 g

FRIGIDEIRA

CHEESECAKE DE LIMÃO-SICILIANO

BASE AMANTEIGADA DE BISCOITO, CREAM CHEESE E FRAMBOESA

SERVE 12 | 1 HORA NO TOTAL, MAIS O TEMPO DE ESFRIAR

100 g de manteiga sem sal

250 g de Biscoff ou biscoito de gengibre

4 ovos grandes

1 colher (chá) de extrato natural de baunilha

100 g de açúcar de confeiteiro, e mais um pouco para polvilhar

680 g de cream cheese

1 limão-siciliano

300 g de framboesas

Preaqueça o forno a 160°C. Derreta a manteiga no fogo baixo, em uma frigideira de 28 cm (que possa ir ao forno depois). Enquanto isso, bata os biscoitos no processador até formar uma farinha. Apague o fogo, transfira a farinha de biscoito para a frigideira e misture bem, depois espalhe pelo fundo da frigideira e aperte para formar uma camada uniforme, subindo um pouco nas laterais. Leve ao forno por 5 minutos. Junte os ovos, o extrato de baunilha e a maior parte do açúcar de confeiteiro no processador (não há necessidade de lavar antes) por 2 minutos, até ficar claro. Misture o cream cheese e o sumo de limão-siciliano, em seguida, despeje sobre a base de biscoito. Amasse metade das framboesas e o restante do açúcar de confeiteiro com um garfo, espalhe por cima e asse por 15 minutos.

Tire do forno, cubra com o restante das framboesas, polvilhe um pouco mais de açúcar de confeiteiro e asse por mais 10 minutos. Ligue o grill no máximo, até a parte de cima dourar levemente. Tire e deixe esfriar, depois leve à geladeira por 2 horas e sirva. A textura não fica tão homogênea, mas o sabor é maravilhoso.

CALORIAS	GORDURA	GORDURA SATURADA	PROTEÍNA	CARBOIDRATOS	AÇÚCARES	SAL	FIBRAS
362 kcal	25,2 g	14,9 g	6,9 g	27,3 g	20 g	0,7 g	1,1 g

FORMA DE BOLO INGLÊS

FOLHADO DE CHOCOLATE
LARANJA, AVELÃ E GELEIA DE DAMASCO

SERVE 8 | 10 MINUTOS DE PREPARO/ 50 MINUTOS DE COZIMENTO, MAIS O TEMPO DE ESFRIAR

manteiga sem sal, para untar

50 g de avelãs branqueadas

3 colheres (sopa) de açúcar

1 laranja

cerca de 500 g de croissants congelados

50 g de chocolate amargo (70%)

1 colher (sopa) cheia de geleia de damasco

Preaqueça o forno a 180°C. Unte uma fôrma de bolo inglês de 1,5 litro e forre com papel-manteiga, depois unte generosamente o papel. No pilão, amasse bem metade das avelãs com 1 colher (sopa) de açúcar, misture com as raspas de laranja e espalhe pelo fundo e pelas laterais da fôrma. Amasse grosseiramente o restante da avelã com o restante do açúcar. Distribua metade dos croissants congelados na fôrma, cortando-os para cobrir buracos, se necessário. Polvilhe metade da avelã e mais um pouco de raspas de laranja, adicione o chocolate em pedaços grandes e a geleia. Coloque os demais croissants por cima, cortando-os para cobrir buracos, se necessário, e finalize com o restante da avelã e de raspas.

Asse por 50 minutos ou até dourar e caramelizar. Deixe 10 minutos esfriando na forma, depois passe uma faca afiada pelas bordas para soltar e transfira com cuidado enquanto ainda está quente. Deixe esfriar e sirva.

CALORIAS	GORDURA	GORDURA SATURADA	PROTEÍNA	CARBOIDRATOS	AÇÚCARES	SAL	FIBRAS
385 kcal	22,2 g	10 g	7 g	39,2 g	16,5 g	0,4 g	2 g

> ASSADEIRA

BOLO DE LARANJA COM MEL

AMÊNDOA, BAUNILHA, IOGURTE E UM TOQUE DE ÁGUA DE ROSAS

SERVE 12 | 1H05 NO TOTAL

2 laranjas grandes ou sanguíneas

200 g de mel

200 g de farinha de amêndoa

200 g de farinha com fermento

200 g de iogurte grego

2 colheres (chá) de extrato natural de baunilha

2 ovos grandes

opcional: água de rosas

Preaqueça o forno a 180°C. Forre uma assadeira de 20 cm x 30 cm com papel-manteiga, depois unte com azeite. Faça raspas finas de laranja e reserve; em seguida, cuidadosamente, fatie a fruta em rodelas bem finas. Disponha na assadeira, regue com 100 g de mel e asse por 20 minutos.

Enquanto isso, misture as raspas, a farinha de amêndoa, a farinha de trigo, o iogurte e o extrato de baunilha em uma tigela. Adicione os ovos, 200 ml de azeite, uma pitadinha de sal marinho, 100 g de mel e um dedinho de água de rosas, se for usar. Misture bem. Retire a assadeira do forno, despeje a massa com cuidado por cima das rodelas de laranja e asse por 35 minutos ou até dourar (e um palito inserido sair limpo). Vire o bolo em uma tábua e tire o papel-manteiga com cuidado. Fica ótimo servido quente, com uma colherada de iogurte ou creme inglês.

INSPIRAÇÃO

Minha querida avó era louca por pão de ló. A combinação grega de mel, amêndoas e laranja também me traz recordações. Acho que ela teria amado esta receita.

CALORIAS	GORDURA	GORDURA SATURADA	PROTEÍNA	CARBOIDRATOS	AÇÚCARES	SAL	FIBRAS
397 kcal	28,9 g	4,4 g	7,1 g	29 g	16,3 g	0,3 g	0,9 g

ASSADEIRA

BOLO DE PERA E GENGIBRE

COBERTURA DE CHOCOLATE AMARGO, AÇÚCAR MASCAVO E FARINHA DE AMÊNDOA

SERVE 16 | 58 MINUTOS NO TOTAL

4 ovos grandes

200 g de açúcar mascavo escuro

200 g de farinha com fermento

1 colher (chá) de fermento em pó

200 g de farinha de amêndoa

100 g de chocolate amargo (70%)

100 g de gengibre em calda

cerca de 400 g de peras, mais um pouco de suco

Preaqueça o forno a 180°C. Unte uma assadeira de 20 cm x 30 cm com azeite, depois forre com papel-manteiga úmido. Em uma tigela grande, bata os ovos com o açúcar e 200 ml de azeite, depois adicione a farinha de trigo, o fermento em pó e a farinha de amêndoa. Pique bem metade do chocolate e todo o gengibre, depois misture à massa e despeje na assadeira. Reservando metade do sumo, escorra as peras, fatie no sentido do comprimento e coloque por cima, afundando um pouco na massa. Asse por 35 minutos, e um palito inserido sair limpo. Deixe esfriar na assadeira por 5 minutos, depois transfira para uma grade e remova o papel com cuidado.

Leve a assadeira vazia ao fogo médio-alto na boca do fogão e despeje o sumo de pera reservado. Adicione um pouco da calda do gengibre, deixe ferver e apague o fogo. Adicione então o restante do chocolate e mexa até formar uma cobertura simples, com que o bolo possa ser regado. Fica ótimo sozinho ou com uma bola de sorvete.

CALORIAS	GORDURA	GORDURA SATURADA	PROTEÍNA	CARBOIDRATOS	AÇÚCARES	SAL	FIBRAS
357 kcal	24,2 g	4,7 g	6 g	30,5 g	20,4 g	0,2 g	1,3 g

ASSADEIRA

ARROZ-DOCE ASSADO COM CEREJA

PÊSSEGO, CHOCOLATE, AMÊNDOAS, CANELA E UM POUCO DE BRANDY

SERVE 8 | **9 MINUTOS DE PREPARO/ 40 MINUTOS DE COZIMENTO**

cerca de 400 g de pêssego em calda

400 g de cereja sem caroço congelada

2 colheres (sopa) de brandy ou amaretto

50 g de chocolate amargo (70%)

cerca de 1,2 kg de arroz-doce

5 colheres (sopa) de amêndoas laminadas

canela em pó

Preaqueça o forno a 180°C. Escorra o pêssego, depois disponha com as cerejas congeladas em uma assadeira de 20 cm x 30 cm. Regue com o brandy (você pode usar 2 colheres (sopa) da calda do pêssego, se preferir) e adicione o chocolate em pedaços pequenos. Espalhe todo o arroz-doce uniformemente sobre as frutas, em seguida, amasse bem 3 colheres (sopa) de amêndoas laminadas e misture com cuidado. Jogue o restante das amêndoas por cima, polvilhe com canela e asse por 40 minutos ou até dourar e borbulhar.

TROCAS

Ingredientes facilitadores como frutas congeladas possibilitam que você faça sobremesas maravilhosas que transmitem todo o amor e carinho, mas na verdade são muito mais um trabalho de montagem. Com o mínimo de esforço, alcançamos muito sabor.

CALORIAS	GORDURA	GORDURA SATURADA	PROTEÍNA	CARBOIDRATOS	AÇÚCARES	SAL	FIBRAS
246 kcal	7,4 g	2,6 g	7,4 g	38,6 g	25 g	0,2 g	1,4 g

ASSADEIRA

BOLO EM CAMADAS

MORANGO, XAROPE DE FLOR DE SABUGUEIRO, CREME INGLÊS, CHOCOLATE E SCONES

SERVE 12 | 33 MINUTOS NO TOTAL, MAIS UMA NOITE ESFRIANDO

8 scones ingleses sem sabor

4 saquinhos de chá English breakfast

100 g de chocolate amargo (70%), e mais um pouco para servir

800 g de creme inglês

400 g de morangos

50 ml de xarope de flor de sabugueiro

açúcar de confeiteiro, para polvilhar

Preaqueça o forno com o grill ligado. Corte cada scone em três rodelas iguais. Trabalhando em levas, torre-os levemente em uma assadeira de 25 cm x 30 cm. Ponha água para ferver. Em uma jarra, faça 400 ml de chá com os 4 saquinhos. Encaixe uma tigela resistente ao calor em cima e derreta o chocolate nela, mexendo de vez em quando. Retire a tigela e descarte os saquinhos de chá.

Quando a assadeira tiver esfriado, forre com papel-manteiga úmido. Disponha metade dos scones torrados na assadeira e regue com ⅔ do chá. Misture metade do creme inglês com o chocolate derretido, depois espalhe sobre os scones em uma camada uniforme. Descarte os cabinhos dos morangos e corte as frutas em fatias, então disponha sobre a camada de creme com chocolate e regue com o xarope. Mergulhe o que sobrou dos scones no restante do chá e espalhe sobre o creme com chocolate. Em seguida, cubra com o restante do creme inglês. Deixe na geladeira durante a noite para firmar e vire em uma tábua para servir. Polvilhe com açúcar de confeiteiro, fatie e cubra com o restante dos morangos. Finalize com raspas de chocolate amargo.

CALORIAS	GORDURA	GORDURA SATURADA	PROTEÍNA	CARBOIDRATOS	AÇÚCARES	SAL	FIBRAS
291 kcal	10,2 g	5,4 g	5,8 g	46,1 g	23,4 g	0,8 g	2,6 g

ASSADEIRA

PÃO DOCE COM GLACÊ
COBERTURA COLORIDA DE FRUTAS

RENDE 12 | **50 MINUTOS NO TOTAL, MAIS O TEMPO DE CRESCER E ESFRIAR**

500 g de farinha

7 g de fermento biológico seco

230 g de açúcar de confeiteiro

1 ovo grande

275 ml de leite semidesnatado

1 colher (sopa) de extrato natural de baunilha

50 g de morango ou outras frutas vermelhas ou ½ limão-siciliano ou laranja

Coloque a farinha, o fermento, 30 g de açúcar de confeiteiro e uma pitada de sal marinho em uma tigela grande. Misture e faça um buraco no meio. Bata o ovo em uma tigela pequena, e despeje a maior parte no buraco, guardando um pouco para pincelar. Adicione 1½ colher (sopa) de azeite, o leite e o extrato de baunilha, misture com um garfo, e use as mãos limpas para formar uma massa. Em uma superfície limpa, sove por 10 minutos ou até a massa ficar homogênea e elástica. Unte levemente uma tigela grande, transfira a massa para ela, cubra com um pano de prato limpo e úmido e deixe em um lugar morno por 1 hora ou até dobrar de tamanho.

Volte a massa para a superfície de trabalho, tire o ar de dentro e divida em 12 partes iguais. Role cada parte para a frente e para trás, até ganhar o formato de linguiça. Leve a uma assadeira untada de 25 cm x 30 cm, cubra e deixe descansar por 30 minutos ou até dobrar de tamanho de novo. Preaqueça o forno a 180°C. Pincele de leve os pães com o restante do ovo e asse na grade do meio do forno por 20 minutos. Em seguida, deixe esfriar completamente. Agora vem a parte divertida: o glacê. Misture morangos e outras frutas vermelhas amassados, ou um pouco de raspas e sumo de qualquer fruta cítrica, com 200 g de açúcar de confeiteiro até formar uma calda grossa e brilhante. Seja criativo! Depois, é só despejar em cima dos pães.

CALORIAS	GORDURA	GORDURA SATURADA	PROTEÍNA	CARBOIDRATOS	AÇÚCARES	SAL	FIBRAS
252 kcal	3,2 g	0,7 g	6,4 g	52,9 g	21,8 g	0,1 g	1,5 g

FRIGIDEIRA

TORTA DE MAÇÃ

MASSA FILO, CANELA, MEL E CROCANTE POR CIMA

SERVE 8 | **58 MINUTOS NO TOTAL**

6 maçãs

4 colheres (sopa) de mel, e mais um pouco para regar

250 g de ricota

3 ovos grandes

270 g de massa filo

12 biscoitos custard cream (recheados de creme)

4 colheres (sopa) de aveia em flocos grossos

canela em pó

Preaqueça o forno a 180°C. Rale grosseiramente as maçãs, com casca e tudo, descartando o miolo. Junte tudo em um pano de prato limpo, faça uma trouxinha e esprema o sumo em cima de uma frigideira antiaderente de 26 cm (que possa ir ao forno depois). Transfira a maçã ralada para uma tigela. Junte à frigideira 1 colher (sopa) de mel e deixe em fogo alto por 3 minutos, mexendo de vez em quando, ou até reduzir e chegar a uma consistência de xarope. Use então uma espátula para transferir tudo para uma caneca e tire a frigideira do fogo. Adicione a ricota, os ovos, o restante do mel e uma pitadinha de sal marinho à tigela com a maçã e bata até misturar bem.

Depois que a frigideira tiver esfriado um pouco, pincele com azeite e cubra com uma folha de massa filo, deixando sobrar nas laterais. Pincele com um pouco mais de azeite e repita o processo com o restante das folhas. Recheie com a ricota e a maçã. Em seguida, puxe as sobras de massa para dentro e amasse, formando uma crosta. Polvilhe o meio com as bolachas quebradas e a aveia e regue com 1 colher (sopa) de azeite e um pouco do caramelo de maçã. Asse por 35 minutos ou até dourar e firmar o recheio, regando com o restante do caramelo de maçã na metade do tempo. Polvilhe um pouco de canela e sirva.

CALORIAS	GORDURA	GORDURA SATURADA	PROTEÍNA	CARBOIDRATOS	AÇÚCARES	SAL	FIBRAS
378 kcal	14 g	5,7 g	10,3 g	55,5 g	25,4 g	0,7 g	2,8 g

ASSADEIRA

ROCAMBOLE DE CENOURA

GENGIBRE, CREAM CHEESE, LIMÃO E CHOCOLATE BRANCO

SERVE 8 | TOTAL 48 MINUTOS, MAIS O TEMPO DE ESFRIAR

200 g de cenoura

100 g de açúcar mascavo claro, mais 2 colheres (sopa) para polvilhar

100 g de farinha com fermento

3 ovos grandes

1 limão

100 g de chocolate branco

3 pedaços de gengibre em calda

180 g de cream cheese light

Preaqueça o forno a 180°C. Unte levemente uma assadeira rasa de 25 cm x 35 cm e forre com papel-manteiga. Lave e apare as cenouras e bata no processador até ficar em pedaços pequenos. Adicione o açúcar, a farinha, os ovos, raspas finas de limão e 3 colheres (sopa) de azeite, depois bata por 1 minuto, até ficar homogêneo. Despeje a massa na assadeira e asse na grade do meio do forno por 12 minutos.

Abra um pano de prato limpo sobre a superfície de trabalho e polvilhe com açúcar. Assim que o bolo sair do forno, vire-o com confiança sobre o pano de prato, e então, com cuidado, tire e descarte o papel-manteiga. Usando um dos lados mais curtos do pano de prato, enrole o bolo, deixando o pano de prato dentro até esfriar — isso vai ajudar a manter a forma depois. Coloque metade do chocolate em uma tigela e derreta no micro-ondas. Em seguida, adicione o gengibre bem picado, o sumo de limão e o cream cheese. Quando o bolo tiver esfriado por completo, desenrole-o e recheie por igual. Volte a enrolá-lo e leve a uma tábua, pincele por inteiro com a calda do gengibre e cubra com as raspas ou lascas do chocolate restantes. Corte as pontas para ficar mais bonito (se quiser) e sirva.

CALORIAS	GORDURA	GORDURA SATURADA	PROTEÍNA	CARBOIDRATOS	AÇÚCARES	SAL	FIBRAS
291 kcal	13,6 g	5,2 g	6,5 g	37,8 g	27,1 g	0,5 g	1,3 g

ASSADEIRA

BOLO DE CHOCOLATE BRANCO
MANTEIGA DE AMENDOIM E GELEIA

SERVE 16 | **42 MINUTOS NO TOTAL, MAIS O TEMPO DE ESFRIAR**

- 200 g de manteiga sem sal em temperatura ambiente, e mais um pouco para untar
- 200 g de açúcar
- 4 ovos grandes
- 200 g de farinha com fermento
- 200 g de chocolate branco
- 3 colheres (sopa) de manteiga de amendoim com pedaços
- 3 colheres (sopa) de geleia de groselha-preta

Preaqueça o forno a 180°C. Forre uma assadeira de 20 cm x 30 cm com papel-manteiga e unte-o generosamente com manteiga. No processador, bata a manteiga e o açúcar, depois junte os ovos e a farinha e bata até ficar homogêneo. Adicione o chocolate branco e pulse até ficar em pedaços pequenos. Usando uma espátula, transfira a mistura para a assadeira e nivele. Afine a manteiga de amendoim com 2 colheres (sopa) de água morna, mexa a geleia para afinar também e espalhe ambas sobre a mistura, usando um palito para fazer desenhos na superfície. Asse por 30 minutos ou até dourar. Deixe esfriar, fatie e sirva. Fica ótimo com uma xícara de chá.

TROCAS

Eu amo a combinação manteiga de amendoim e geleia! Você pode usar seu sabor preferido e experimentar com manteigas de outras oleaginosas. Divirta-se!

CALORIAS	GORDURA	GORDURA SATURADA	PROTEÍNA	CARBOIDRATOS	AÇÚCARES	SAL	FIBRAS
305 kcal	17,9 g	9,7 g	4,9 g	33,4 g	24 g	0,2 g	0,4 g

TIGELA

SORVETE DE IOGURTE

MANGA, LIMÃO, BISCOITO DE GENGIBRE E CACAU

SERVE 10 | 13 MINUTOS NO TOTAL, MAIS O TEMPO DE ESFRIAR

50 g de biscoito de gengibre

500 g de iogurte natural

700 g de manga congelada em pedaços

1 limão

2 colheres (sopa) de cacau em pó

frutas vermelhas, para servir

Leve uma tigela redonda de 25 cm ao congelador por 1 ou 2 horas. Use um rolo para amassar os biscoitos de gengibre. Trabalhando rápido, coloque o iogurte, a manga e o sumo de limão no processador e bata até ficar homogêneo. Transfira ¾ do sorvete de iogurte de manga para a tigela gelada. Adicione o cacau em pó no processador e bata de novo, depois transfira o resto para a tigela e misture ligeiramente. Sirva na hora ou volte ao congelador por mais 1 hora no máximo. Espalhe o biscoito esfarelado por cima e acompanhado de frutas vermelhas.

TROCAS

Sorvete de iogurte fica uma delícia com várias frutas — sinta-se livre para usar o que quiser. Aqui, sugeri servir com farofa de biscoito de gengibre e frutas vermelhas, mas dá para combinar com todo tipo de coisa. A escolha é sua.

CALORIAS	GORDURA	GORDURA SATURADA	PROTEÍNA	CARBOIDRATOS	AÇÚCARES	SAL	FIBRAS
108 kcal	3,3 g	1,9 g	3,3 g	17 g	14,2 g	0,1 g	0,1 g

FRIGIDEIRA

PÃO DE MAÇÃ CARAMELADO

MACIO E GRUDENTO, COM BAUNILHA E CANELA

SERVE 12 | **1 HORA NO TOTAL, MAIS O TEMPO DE CRESCER**

500 g de farinha

7 g de fermento biológico seco

100 g de maçã desidratada em rodelas

4 maçãs

1 colher (sopa) de canela em pó

1 colher (sopa) de extrato natural de baunilha

100 g de açúcar demerara, e mais um pouco para polvilhar

100 g de manteiga sem sal em temperatura ambiente, e mais um pouco para untar

Misture a farinha e 1 colher (chá) de sal marinho em uma tigela grande e faça um buraco no meio. Em uma jarra, junte o fermento e 300 ml de água morna e deixe por alguns minutos. Despeje gradualmente a mistura no buraco e vá misturando a farinha em volta até agregar. Sove em uma superfície enfarinhada, soltando a massa do alto de tempos em tempos, por 10 minutos, ou até que fique homogênea e elástica. Unte levemente uma tigela, transfira a massa, cubra com um pano de prato limpo e deixe em um lugar morno por 1 hora ou até dobrar de tamanho.

Pique bem as maçãs desidratadas. Descasque, corte em quatro, descarte o miolo e fatie finamente as maçãs. Em uma tigela, misture ambas com a canela, o extrato de baunilha e o açúcar. Em uma superfície de trabalho untada, abra a massa para formar um retângulo de 30 cm x 50 cm. Espalhe por igual a manteiga, jogue as maçãs por cima e regue com qualquer sumo que tenha se acumulado. Começando pelo lado mais próximo de você, enrole a massa para formar uma linguiça. Corte em doze pedaços iguais. Unte generosamente uma frigideira de 28 cm (que possa ir ao forno) com manteiga e polvilhe um pouco de açúcar. Disponha os pedaços com a parte interna para cima, cubra com um pano de prato limpo e úmido e deixe em um lugar morno até dobrar de tamanho de novo. Preaqueça o forno a 180°C. Polvilhe os pães com um pouco de açúcar e asse na grade de baixo do forno por 30 minutos ou até dourar e caramelizar. Vire em uma tábua e sirva.

CALORIAS	GORDURA	GORDURA SATURADA	PROTEÍNA	CARBOIDRATOS	AÇÚCARES	SAL	FIBRAS
278 kcal	7,6 g	4,4 g	5,3 g	49,7 g	18,9 g	0,4 g	2,7 g

O BÊ-A-BÁ DOS INGREDIENTES

O CONGELADOR É SEU MELHOR AMIGO

Um congelador devidamente estocado é, sem dúvida, o aliado mais próximo de quem não tem muito tempo. Nele, a comida fica maravilhosamente suspensa, esperando que você precise dela, e o desperdício é evitado, quer você congele ingredientes isolados, porções prontas ou bases para refeições futuras. Mas há algumas regras básicas para utilizá-lo. Se for cozinhar em grandes quantidades, lembre-se de deixar a comida esfriar por completo antes de congelar — separe em porções para acelerar o processo e leve ao congelador em, no máximo, 2 horas. Certifique-se de que está tudo bem armazenado e etiquetado. Descongele na geladeira e use em menos de 48 horas. Se já congelou a comida pronta, não volte a congelar depois de aquecer.

ORGANIZAÇÃO DA GELADEIRA

Lembre-se de que carne e peixe crus devem estar sempre bem embalados e ficar na prateleira de baixo da geladeira, para evitar contaminação cruzada. Qualquer comida pronta para comer, ou porque já foi preparada ou porque não requer preparação, deve ficar nas prateleiras de cima.

TIPOS DE FORNO

Todas as receitas deste livro foram testadas em fornos de convecção. As conversões para fornos a gás ou elétricos e sem ventilação podem ser encontradas na internet.

CELEBRE A QUALIDADE E A SAZONALIDADE

Usar ingredientes de qualidade faz toda a diferença no sucesso de uma receita. Neste livro, você não vai precisar comprar muita coisa a cada receita, por isso espero que aproveite para adquirir os melhores vegetais e as melhores carnes que puder encontrar. Lembre-se de que, quando se compram produtos da época, a comida fica mais nutritiva, mais gostosa e mais em conta. Não se esqueça de lavar bem os vegetais e as frutas antes de cozinhar, principalmente se não forem passar por nenhum processo de cozimento.

CELEBRE OS CONDIMENTOS

Uso muitos condimentos neste livro, como chutney de manga, curry em pasta, molho teriyaki, missô e pesto. São itens de qualidade extraordinária que podem ser encontrados em supermercados. Garantem sabor e economizam horas na preparação. A imprensa sempre pega no meu pé por "roubar" nos ingredientes prontos, mas acho que é uma ótima opção! Eles ajudam a tornar a comida mais interessante.

VALORIZE AS ERVAS FRESCAS

Ervas são um presente para qualquer pessoa na cozinha. Por que não as cultivar no jardim ou em vasos no peitoril da janela? Elas permitem que você dê um sabor único ao prato sem correr risco de temperar demais, o que é bom para todo mundo. E, do ponto de vista nutricional, ainda têm uma série de qualidades incríveis — adoro isso!

MIX DE VEGETAIS

Neste livro, uso pacotes de vegetais mistos, que são ótimos para garantir variedade mesmo em pequenas quantidades, mais sabor e menos desperdício. Mas atenção: algumas dessas misturas contêm broto de feijão, que não pode ser consumido cru. Nesse caso, você vai ter que saltear os vegetais.

CARNES E OVOS DE RESPEITO

Na hora de comprar carnes e ovos, faz todo o sentido aproveitar os benefícios do orgânico. Os animais devem ser criados de uma maneira saudável e ser livres para vagar e se comportar naturalmente. Alguns dos cortes de carne deste livro só poderão ser encontrados em bons açougues, e um bom açougue é sempre recomendável: você pode encomendar peças especiais e comprar a quantidade exata de que precisa. Quando se trata de ovos ou qualquer alimento que contenha ovos, como macarrão, opte sempre por orgânicos ou caipiras.

FOQUE EM PEIXES

Peixes são uma fonte de proteína incrivelmente deliciosa, mas assim que são pescados começam a perder o frescor, por isso é melhor comprar o mais perto possível de consumir. Certifique-se de comprar peixe de fontes responsáveis sempre que possível — procure o selo do MSC ou peça ajuda ao próprio peixeiro. Procure variar o peixe, escolhendo opções sazonais e sustentáveis. Se só encontrar peixes de cultivo, procure pelo logo da ASC para garantir que venha de uma fonte responsável.

CONSUMA LATICÍNIOS MELHORES

Quando se trata dos laticínios básicos, como leite, iogurte e manteiga, opte por orgânicos. Diferente do que acontece no caso da carne, eles são só um pouco mais caros, por isso, insisto nesse ponto. Sempre que comprar um produto orgânico, você apoia um sistema alimentar melhor, com padrões elevados em termos de bem-estar animal e de cuidado com a terra.

NOTA DA EQUIPE DE NUTRIÇÃO DO JAMIE

Nosso trabalho é garantir que Jamie possa ser supercriativo com a certeza de que todas as suas receitas atendem aos padrões estabelecidos por nós. Cada livro é diferente, e a ideia do *Uma — Receitas simples em uma panela só* é inspirar a alimentação da semana toda. Das receitas, 70% se enquadram nas nossas diretrizes de comida do dia a dia — algumas são refeições completas, mas outras precisarão de complemento. Este livro também inclui um capítulo bônus de doces para quando você quiser fazer a festa. E apresentamos informações nutricionais de fácil leitura na página de cada receita, para deixar tudo bem claro e para facilitar uma tomada de decisão bem informada.

Comida é algo divertido, alegre e criativo — é o que nos dá energia e desempenha um papel crucial em manter nosso corpo saudável. Lembre-se: dieta balanceada e atividade física regular são a chave para um estilo de vida mais saudável. Não rotulamos alimentos como "bons" ou "ruins", mas encorajamos que se compreenda a diferença entre uma comida nutritiva para consumo diário e aquelas das quais se pode desfrutar de vez em quando.

Para mais informações sobre nossos padrões e como analisamos as receitas, visite: jamieoliver.com/nutrition (em inglês).

Rozzie Batchelar, nutricionista sênior, RNutr

UM POUCO SOBRE EQUILÍBRIO

Equilíbrio é fundamental para uma boa alimentação. Montando o seu prato da maneira certa e controlando as porções, você pode ter certeza de que está no caminho para a boa saúde. É importante consumir comidas variadas para garantir que seu corpo tenha os nutrientes de que necessita para se manter saudável. Você não precisa ser perfeito todos os dias — é o balanço da semana que conta. Se você come carne e peixe, uma regra geral para as refeições principais é comer pelo menos duas porções de peixe por semana, uma delas de peixe oleoso. Divida o restante entre refeições à base de plantas, frango e carne vermelha. Uma dieta sem alimentos de origem animal também pode ser perfeitamente saudável.

QUAL É O EQUILÍBRIO?

O guia alimentar do governo britânico estabelece como uma dieta balanceada deve ser. A tabela abaixo indica a proporção de cada grupo alimentar recomendada ao longo do dia.

OS CINCO GRUPOS ALIMENTARES (REINO UNIDO)	PROPORÇÃO*
Vegetais e frutas	40%
Carboidratos ricos em amido (pão, arroz, batata, macarrão)	38%
Proteínas (carne magra, peixe, ovos, leguminosas e outras fontes não derivadas do leite)	12%
Laticínios e derivados (e alternativas)	8%
Gorduras insaturadas (como óleos)	1%
E NÃO SE ESQUEÇA DE BEBER BASTANTE ÁGUA	

Procure consumir alimentos e bebidas ricos em gordura, sal e açúcar só de vez em quando.

VEGETAIS E FRUTAS

Para levar uma vida boa e saudável, vegetais e frutas devem ser o centro de sua dieta. Eles vêm em cores, formas, tamanhos, sabores e texturas diferentes, e contêm vitaminas e minerais, cada um dos quais desempenha um papel mantendo nosso corpo saudável e em seu melhor funcionamento, portanto variedade é importante. Consuma alimentos de todas as cores, varie suas escolhas tanto quanto possível e priorize o que está na época — para aproveitar cada produto em seu melhor e sendo o mais nutritivo possível. No mínimo (no mínimo mesmo), consuma cinco porções de vegetais e frutas por dia, sejam congelados, frescos ou enlatados. Uma porção equivale a 80 g (ou um punhado generoso). Consuma também uma porção de 30 g de frutas secas, uma porção de 80 g de leguminosas e 150 ml de suco de frutas ou vegetais sem adição de açúcar.

CARBOIDRATOS RICOS EM AMIDO

Carboidratos fornecem uma grande parte da energia necessária para mover nosso corpo e garantir que nossos órgãos funcionem. Quando possível, escolha variedades integrais, ricas em fibras. A recomendação é de 260 g ao dia de carboidratos para um adulto médio, com até 90 g vindos de açúcares totais, incluindo açúcares naturais encontrados em frutas e leite e derivados integrais, e não mais que 30 g de açúcares livres. Açúcares livres são aqueles adicionados à comida e à bebida, incluindo o encontrado no mel, em xaropes, no suco e em batidas de frutas. As fibras também são classificadas como carboidratos e são encontradas principalmente em alimentos de origem vegetal, como carboidratos integrais, frutas e vegetais. Elas ajudam a regular o intestino, a controlar o nível de açúcar no sangue e a manter o colesterol baixo. Adultos devem consumir no mínimo 30 g de fibras por dia.

PROTEÍNAS

Pense nas proteínas como os tijolos do corpo — elas são usadas para tudo que é importante para a construção e a reparação. Procure variar as proteínas que consome, incluindo mais leguminosas e duas porções de peixe de fonte sustentável por semana (uma delas de peixe oleoso), e reduzir o consumo de carne processada e carne vermelha, se sua alimentação for baseada nelas. Prefira cortes magros de proteínas animais quando possível. Leguminosas são excelentes alternativas à carne, não só por seu baixo teor de gordura, mas porque, além de proteína, contêm fibras, vitaminas e minerais. Outras fontes de proteína nutritiva são tofu, ovos e oleaginosas. De novo, a variedade é fundamental! A mulher média de dezenove a cinquenta anos precisa de 45 g de proteína ao dia, enquanto o homem médio da mesma idade precisa de 55 g.

LATICÍNIOS E DERIVADOS (E ALTERNATIVAS)

Esse grupo alimentar oferece uma variedade impressionante de nutrientes quando consumido na quantidade certa. Privilegie leite e iogurte orgânicos e pequenas quantidades de queijo nessa categoria; vale a pena escolher as opções com baixo teor de gordura e sem adição de açúcar, que são igualmente saborosas. Se for preferir versões vegetais, priorize produtos fortificados e não adoçados que contenham cálcio, iodo e vitamina B12 na lista de ingredientes, para não perder nutrientes importantes fornecidos pelo leite de origem animal.

GORDURAS INSATURADAS

Precisamos de gorduras saudáveis, ainda que em pequenas quantidades. Escolha fontes insaturadas sempre que possível, como azeite e óleos vegetais líquidos, oleaginosas, abacate e peixes ricos em ômega-3. De modo geral, recomenda-se que a mulher média consuma não mais que 70 g de gordura ao dia, com menos de 20 g de gorduras saturadas, e que o homem médio consuma não mais que 90 g, com menos de 30 gramas de gorduras saturadas.

BEBA MUITA ÁGUA

Mantenha-se hidratado para estar sempre no seu melhor. Água é essencial à vida e a todas as funções do corpo humano. Em geral, mulheres com mais de catorze anos precisam de pelo menos 2 litros de água ao dia, e homens da mesma idade, de pelo menos 2,5 litros.

INFORMAÇÕES CALÓRICAS E NUTRICIONAIS

De modo geral, a mulher média precisa de cerca de 2 mil calorias por dia, enquanto o homem médio precisa de 2500. Esses números são apenas um parâmetro, e o que comemos deve ser pensado em relação a fatores como idade, constituição física, estilo de vida e nível de atividade física.

MEU MUITO OBRIGADO

Tenho que admitir que houve um momento em que pensei em simplesmente escrever um OBRIGADO enorme, ocupando duas páginas, sem listar nome a nome. Mas eu não poderia decepcionar todas as pessoas maravilhosas que merecem ver seu nome impresso aqui, em um humilde reconhecimento ao trabalho fantástico que realizam enquanto desenvolvo, escrevo, fotografo e promovo meus livros.

Foi um prazer e um desafio maravilhoso criar *Uma — Receitas simples em uma panela só* — ver tudo através da lente do mínimo de louça possível exigiu muita reflexão, revisão e consideração. Sou muito grato pela equipe com a qual trabalhei em proximidade durante esse processo.

Em primeiro lugar, como sempre, tenho que agradecer à minha excelente equipe culinária. Que time! São pessoas talentosas e trabalhadoras que me mantêm alerta e nunca decepcionam. Ao meu braço direito, a divina Ginny Rolfe, a sua equipe leal, Jodene Jordan, Rachel Young, Hugo Harrison e Julius Fiedler — muito obrigado. Todo o meu amor à nossa família estendida pela ajuda fotografando e testando receitas: Isla Murray, Christina Mackenzie, Sophie Mackinnon, Holly Cowgill e Max Kinder. Obrigado a Becky Wheeldon, Lydia Lockyer e Helen Martin por manter a organização. E a meus velhos amigos Pete Begg e Bobby Sebire — o que eu faria sem vocês?

Em termos nutricionais — e acertar no equilíbrio é prioridade em um livro como este —, agradeço a Rozzie Batchelar, e, na parte mais técnica, a Lucinda Cobb.

Em relação ao texto, como sempre, expresso todo o meu respeito pela minha editora Rebecca Verity, a Jade "pie barm" Melling, a Sumaya Steele e ao restante da equipe.

No design, agradeço ao homem que me mantém sempre atento à moda, James Verity, à novata Devon Jeffs e ao restante do time.

A fotografia maravilhosa deste livro andou lado a lado com o design, e tenho a sorte de poder agradecer a três grandes talentos aqui. Primeiro, na comida, meu querido amigo Lord David Loftus, e o homem das pernas, Richard Clatworthy. Nos retratos, todo o meu respeito ao bonachão Paul Stuart — você sempre consegue tirar o melhor de mim, o que sei que não é fácil, por isso, muito obrigado. Nesse sentido, também preciso agradecer a Julia Bell e Lima O'Donnell — vocês sabem o quanto significam para mim.

Agora, aos meus editores de longa data, um grupo encantador que trabalha incrivelmente duro não só para mim, mas para todos os autores que publicam. Vocês fazem com que eu me sinta muito amado — embora eu ainda esteja esperando um convite para conhecer o escritório novo… Muitíssimo obrigado a Tom Weldon; Louise Moore (sim, fora da televisão); Elizabeth Smith e Amy Davies; Clare Parker, Ella Watkins e Kallie Townsend; Juliette Butler e Katherine Tibbals; Lee Motley e Sarah Fraser; Nick Lowndes; Christina Ellicott, Deirdre O'Connell, Kate Elliott, Natasha Lanigan, Katie Corcoran, Emma Carter, Hannah Padgham, Chris Wyatt e Tracy Orchard; Chantal Noel, Catherine Wood, Anjali Nathani, Kate Reiners, Ines Cortesao e Jane Kirby; Lee-Anne Williams, Jessica Meredeen, Sarah Porter e Grace Dellar; Stuart Anderson; Anna Curvis, Sarah Davison-Aitkins, Catherine Knowles e Carrie Anderson. E à nossa família estendida na Penguin: à fiel Annie Lee, e a Jill Cole, Emma Horton e Caroline Wilding.

No nosso quartel-general, tenho gente maravilhosa demais a quem agradecer. Acredite em mim: sei que tenho sorte de trabalhar com uma equipe tão talentosa. Amo e respeito cada um de vocês. Vou citar apenas algumas das pessoas que contribuíram para este livro e o apoiaram: muito obrigado a Zoe Collins, Jeremy Scott, Rosalind Godber, Michelle Dam e equipe, Saskia Wirth e Heather Milner, Sean Moxhay, à equipe de redes sociais, Rich Herd e time, Kirsty Dawkins, e por último, mas não menos importantes, Louise Holland e Ali Solway. Agradeço também à minha maravilhosa equipe de testadores oficiais.

Tenho muito orgulho de como os livros e os programas de TV caminham lado a lado, e estendo meus agradecimentos e meu amor a todo o grupo liderado por Sam Beddoes, Katie Millard e Ed St Giles. Obrigado também ao pessoal do Channel 4 e do Fremantle.

Antes de terminar, preciso agradecer às pessoas mais queridas e mais próximas de mim. Minha esposa e melhor amiga Jools, a quem este livro é dedicado, a Poppy e Daisy, que já estão na universidade, vivendo sua vida — espero que algumas destas receitas sejam úteis para vocês — e a Petal, Buddy e River, que experimentaram muitas delas e fizeram seus comentários. Aos meus maravilhosos pais, Anna-Marie e Paul, à sra. Norto, ao Leon, e ao dom, Gennaro Contaldo. Amo todos vocês.

MEU MUITO OBRIGADO **297**

ÍNDICE REMISSIVO

Receitas acompanhadas de um V são veganas; em alguns casos, será preciso trocar o queijo de origem animal por uma alternativa de origem vegetal. (Algumas receitas podem ser feitas em versão vegana e estão marcadas com um ✳.)

A

abacate: saborosos tacos de peixe		184
abacaxi		
frango assado agridoce	✳	86
porco com pancetta defumada		216
abóbora		
abóbora e grão-de-bico à espanhola		256
curry de abóbora e grão-de-bico	V	256
cuscuz com abóbora e grão-de-bico	V	256
ensopado de abóbora e grão-de-bico	V	254
frango assado festivo		110
frango cajun	✳	80
macarrão com abóbora e grão-de-bico	V	36
sopa de abóbora suntuosa	V	52
torrada com abóbora e grão-de-bico	V	256
abobrinha		
ensopado vegetariano e bolinhos	V	72
frango com cúrcuma	✳	108
frango suculento com tahine		90
fritada de macarrão	V	130
açafrão: barriga de porco assada		218
agrião		
arroz rosado reconfortante	V	60
hambúrguer de milho	V	140
ninho crocante de batata	V	70
salada de cogumelos assados	V	46
torta de frango e cogumelos	✳	82
água de rosas: bolo de laranja com mel	V	272
alcachofra		
cozido fácil de cordeiro		224
frango com cúrcuma	✳	108
talharim com camarão		28
alcaparra		
salada de brócolis e atum		164
torta de berinjela	V	66
alecrim		
almôndegas meio a meio		196
carbonara com cogumelos	✳	16
filé com presunto cru e parmesão		210

frango assado com alecrim		94
macarrão com abóbora e grão-de-bico	V	36
molho à bolonhesa meio a meio		242
ninho crocante de batata	V	70
sopa de abóbora suntuosa	V	52
sopa de frango poché		84
alface		
frango à moda caesar		102
hambúrguer de peixe crocante		146
macarrão com porco desfiado		252
wrap com chili de batata-doce	V	240
alho		
canela de cordeiro glaceada	✳	198
cordeiro assado com especiarias		202
costelinha de porco com mel e limão-siciliano		222
coxão-mole assado		220
ensopado de peixes e frutos do mar		176
frango à moda caesar		102
frango assado com alecrim		94
frango assado com páprica		98
frango com capim-limão		104
frango com harissa		106
frango suculento com tahine		90
macarrão apimentado com vinagre balsâmico	V	14
macarrão assado do Buddy	V	54
macarrão com abóbora e grão-de-bico	V	36
macarrão com brócolis e anchova		32
macarrão com camarões ao molho teriyaki		162
macarrão com feijão e pancetta defumada		30
macarrão com mariscos e feijão-branco		34
macarrão com pesto de pimentão	V	26
molho à bolonhesa meio a meio		242
nhoque ao molho de tomate	V	44
pappardelle com linguiça		20
pato assado com mexerica		226
porco de cozimento lento desfiado		250
salada de cebola roxa	V	50
sopa de abóbora suntuosa	V	52
stracci à primavera	V	18
tagliatelle com cogumelos e alho	V	24
talharim com camarão		28
torta de berinjela	V	66
tortilha de legumes	V	116
alho-poró		
ensopado vegetariano e bolinhos	V	72
frango assado com alecrim		94
almôndegas		
almôndegas gigantes ao curry	✳	232
almôndegas meio a meio		196
amêndoa		
arroz-doce assado com cereja	V	276
bolo de laranja com mel	V	272
bolo de pera e gengibre	V	274
macarrão com brócolis e anchova		32
porco com salame		214
ver também amêndoa defumada		

amêndoa defumada

atum como molho defumado de pimenta		190
frango assado agridoce	✳	86
macarrão com pesto de pimentão	V	26
papilote de salmão: pimentão e grão-de-bico		173
salada de cenoura assada	V	68

amendoim

filé com molho de amendoim		212
frango assado agridoce	✳	86
macarrão com porco desfiado		252

anchova

filé com presunto cru e parmesão		210
macarrão com brócolis e anchova		32

arroz

almôndegas gigantes ao curry	✳	232
arroz frito com camarão		178
arroz frito com porco desfiado		252
arroz rosado reconfortante	V	60
barriga de porco assada		218
frango assado agridoce	✳	86
frango cajun	✳	80
frango com cúrcuma	✳	108
kedgeree de camarão e ervilha		188
ovos fritos com molho de pimenta	✳	132
porco com pancetta defumada		216
salada com chili de batata-doce	V	240
salada de cogumelos assados	V	46
sopa pedaçuda	V	74

arroz-doce: arroz-doce assado com cereja   V   276

aspargos

frango com cúrcuma	✳	108
nhoque ao molho de tomate	V	44
salmão ao pesto crocante		182
shakshuka verde	V	124
stracci à primavera	V	18

assado de tira   203

atum

atum com molho defumado de pimenta		190
salada de brócolis e atum		164
sanduíches rápidos de pão-folha: atum e feijão-branco		150
tagliatelle com atum e milho		38

avelã

folhado de chocolate	V	268
nhoque ao molho de tomate	V	44
salada de cebola roxa	V	50

azeitona

canela de cordeiro glaceada	✳	198
frango com harissa		106
nhoque ao molho de tomate	V	44
salada de cebola roxa	V	50
shakshuka com sardinha e funcho		126
ver também tapenade		

B

bacon

carbonara com cogumelos	✳	16

ensopado de frango reconfortante		88
frango assado festivo		110
macarrão de Natal		40
ovos fritos com molho de pimenta	✳	132
sopa de frango poché		84

barriga de porco assada   218

batata

abóbora e grão-de-bico à espanhola		256
assado de tira		204
batata recheada com chili de batata	V	240
bolinhos de peixe fantásticos		160
canela de cordeiro glaceada	✳	198
costelinha de porco com mel e limão-siciliano		222
coxão-mole assado		220
cozido fácil de cordeiro		224
hambúrguer de batata apimentada	V	118
ninho crocante de batata	V	70
papilote de salmão: beterraba e batata		171
salmão ao pesto crocante		182
shakshuka verde	V	124
torta de salmão invertida		158
torta madalena		244
tortilha de legumes	V	116

batata-doce

chili de batata-doce	V	238
frango à moda caesar		102
frango assado com missô		100
torta madalena		244

baunilha

bolo de laranja com mel	V	272
cheesecake de limão-siciliano	V	266
pão de maçã caramelado	V	290

berinjela

canelone de berinjela e espinafre	V	48
cordeiro assado com especiarias		202
frango cajun	✳	80
hambúrguer de berinjela à parmegiana	V	144
laksa de mariscos defumados		168
shakshuka com berinjela	V	122
torta de berinjela	V	66

beterraba

papilote de salmão: beterraba e batata		171

Biscoff: cheesecake de limão-siciliano   V   266

biscoitos de gengibre

cheesecake de limão-siciliano	V	266
sorvete de iogurte	V	288

bolinhos

bolinhos de peixe fantásticos		160
bolinhos de tomate	V	76
ensopado vegetariano e bolinhos	V	72
sopa picante do Jamie		230

bolos

bolo com fudge e tâmaras	V	264
bolo de chocolate branco	V	286
bolo de chocolate com fruta	V	260
bolo de laranja com mel	V	272

ÍNDICE REMISSIVO   **299**

bolo de pera e gengibre	V	274
bolo em camadas	V	278
rocambole de cenoura	V	284
brandy: arroz-doce assado com cereja	V	276
brie: yorkshire pudding gigante	V	114
brócolis		
bolinhos de peixe fantásticos		160
ensopado de lentilha picante	V	246
espetinhos de linguiça		200
frango com cúrcuma	*	108
macarrão assado do Buddy	V	54
macarrão com brócolis e anchova		32
peixe branco com lentilha		248
pizza de porco desfiado		252
porco com salame		214
salada de brócolis e atum		164
shakshuka verde	V	124
torta de salmão invertida		158

C

cacau		
bolo de chocolate com fruta	V	260
sorvete de iogurte	V	288
camarão		
arroz frito com camarão		178
ensopado de lentilha picante	V	246
ensopado de peixes e frutos do mar		176
kedgeree de camarão e ervilha		188
macarrão com camarões ao molho teriyaki		162
panqueca de camarão		174
hambúrguer de peixe crocante		146
talharim com camarão		28
torta de frigideira de salmão e camarão		166
torta de salmão invertida		158
canela		
arroz-doce assado com cereja	V	276
macarrão com abóbora e grão-de-bico	V	36
pão de maçã caramelado	V	290
torta de maçã	V	282
canela de cordeiro glaceada	*	198
canelone: canelone de berinjela e espinafre	V	48
capim-limão		
filé com molho de amendoim		212
frango com capim-limão		104
carbonara: carbonara com cogumelos	*	16
carne		
quesadilla com chili de batata-doce	V	240
sanduíche de carne moída		244
ver também queijos individuais		
carne bovina		
assado de tira		204
coxão-mole assado		220
filé com missô	*	234
filé com molho de amendoim		212
filé com presunto cru e parmesão		210

hambúrguer recheado		136
molho à bolonhesa meio a meio		242
castanha-de-caju: shakshuka com grão-de-bico	V	128
castanha-portuguesa		
frango assado festivo		110
macarrão de Natal		40
cebola		
arroz frito com camarão		178
arroz rosado reconfortante	V	60
atum com molho defumado de pimenta		190
bolinhos de tomate	V	76
costelinha de porco com mel e limão-siciliano		222
coxão-mole assado		220
ensopado de abóbora e grão-de-bico	V	254
espetinhos de linguiça		200
frango assado agridoce	*	86
frango assado ao mel		96
frango assado com páprica		98
frango cajun	*	80
hambúrguer de batata apimentada	V	118
kedgeree de camarão e ervilha		188
macarrão de Natal		40
peixe com molho cubano		186
porco de cozimento lento desfiado		250
porco desfiado com feijão-branco		252
salada de cebola roxa	V	50
sanduíches rápidos de pão-folha: atum e feijão-branco		150
shakshuka com berinjela	V	122
sopa de abóbora suntuosa	V	52
sopa pedaçuda	V	74
tagliatelle com atum e milho		38
torta de berinjela	V	66
cebolinha		
arroz frito com porco desfiado		252
cozido fácil de cordeiro		224
ensopado de peixe		156
filé com missô	*	234
frango assado com missô		100
hambúrguer de milho	V	140
laksa de mariscos defumados		168
macarrão com cogumelo e tofu	V	64
macarrão com salmão defumado		12
ovos fritos com molho de pimenta	*	132
pão de cogumelos gigante	V	56
shakshuka com grão-de-bico	V	128
torta de frango e cogumelos	*	82
yorkshire pudding gigante	V	114
cebolinha-francesa		
sanduíches rápidos de pão-folha: presunto e queijo		149
torta de salmão invertida		158
cenoura		
assado de tira		204
atum com molho defumado de pimenta		190
chili de batata-doce	V	238
coxão-mole assado		220
frango com capim-limão		104

300 ÍNDICE REMISSIVO

kafta de cordeiro e grão-de-bico		206
porco de cozimento lento desfiado		250
quesadilla rápida	V	152
rocambole de cenoura	V	284
salada de cenoura assada	V	68
salmão com crosta de gergelim		192
sopa de frango poché		84
sopa pedaçuda	V	74
cerveja ale: assado de tira		204
cheesecake: cheesecake de limão-siciliano	V	266
chili de batata-doce	V	238-40
chips de camarão: macarrão com cogumelo e tofu	V	64
chips de tortilha: nachos com chili de batata-doce	V	240
chocolate		
arroz-doce assado com cereja	V	276
bolo de chocolate branco	V	286
bolo de chocolate com fruta	V	260
bolo de pera e gengibre	V	274
bolo em camadas	V	278
folhado de chocolate	V	268
rocambole de cenoura	V	284
chutney de manga		
almôndegas gigantes ao curry	✳	232
ensopado de lentilha picante	V	246
frango com cúrcuma	✳	108
pão de cogumelos gigante	V	56
coco: pão de cogumelos gigante	V	56
coentro		
chili de batata-doce	V	238
frango com harissa		106
hambúrguer de batata apimentada	V	118
laksa de mariscos defumados		168
pão de cogumelos gigante	V	56
saborosos tacos de peixe		184
shakshuka com berinjela	V	122
sopa de lentilha com *paneer*	V	248
sopa pedaçuda	V	74
cogumelos		
carbonara com cogumelos	✳	16
ensopado de abóbora e grão-de-bico	V	254
filé com missô	✳	234
frango assado com missô		100
macarrão com cogumelo e tofu	V	64
pão de cogumelos gigante	V	56
salada de cogumelos assados	V	46
shakshuka com cogumelos	✳	120
tagliatelle com cogumelos e alho	V	24
torta de frango e cogumelos	✳	82
cominho		
chili de batata-doce	V	238
peixe com molho cubano		186
cordeiro		
almôndegas gigantes ao curry	✳	232
canela de cordeiro glaceada	✳	198
cordeiro assado com especiarias		202
cordeiro com tapenade de pistache		228

cozido fácil de cordeiro		224
kafta de cordeiro e grão-de-bico		206
costelinha de porco		
costelinha de porco com mel e limão-siciliano		222
couve: pato assado com mexerica		226
couve-de-bruxelas: macarrão assado do Buddy	V	54
couve-flor: coxão-mole assado		220
coxão-mole assado		220
cozido fácil de cordeiro		224
cream cheese		
bolo de chocolate com fruta	V	260
cheesecake de limão-siciliano	V	266
rocambole de cenoura	V	284
creme de coco		
ensopado de peixe		156
shakshuka com grão-de-bico	V	128
creme de leite fresco		
cobertura de uísque e creme de leite fresco		264
espetinhos de linguiça		200
frango assado com alecrim		94
papilote de salmão: beterraba e batata		171
creme inglês: bolo em camadas	V	278
croissant: folhado de chocolate	V	268
curry: curry de abóbora e grão-de-bico	V	256
cuscuz marroquino		
cordeiro com tapenade de pistache		228
cuscuz com abóbora e grão-de-bico	V	256
frango com harissa		106
frango suculento com tahine		90
salada de cebola roxa	V	50
shakshuka com sardinha e funcho		126
torta de frigideira de salmão e camarão		166

D ------------------------------------

dukkah		
cordeiro assado com especiarias		202

E ------------------------------------

edamame		
macarrão com camarões ao molho teriyaki		162
stracci à primavera	V	18
endro		
hambúrguer de frango apimentado		142
papilote de salmão: beterraba e batata		171
torta de frigideira de salmão e camarão		166
ensopado de abóbora e grão-de-bico	V	254-6
ensopado de frango reconfortante		88
ensopado de lentilha picante	V	246-8
ensopado de peixe		156
ensopado de peixes e frutos do mar		176
ensopado vegetariano e bolinhos	V	72
ervilha		
cozido fácil de cordeiro		224
ensopado de peixe		156
fritada de macarrão	V	130

ÍNDICE REMISSIVO 301

kedgeree de camarão e ervilha		188
sopa de frango poché		84
stracci à primavera	V	18

ervilha-torta
ensopado de peixe		156

espetinhos de linguiça — 200

espiga de milho
ensopado vegetariano e bolinhos	V	72
sopa de frango poché		84

espinafre
almôndegas gigantes ao curry	✳	232
canelone de berinjela e espinafre	V	48
curry de abóbora e grão-de-bico	V	256
filé com presunto cru e parmesão		210
kedgeree de camarão e ervilha		188
macarrão assado do Buddy	V	54
macarrão com salmão defumado		12
nhoque ao molho de tomate	V	44
papilote de salmão: espinafre e nhoque		172
porco beneditino		252
shakshuka com grão-de-bico	V	128
sopa pedaçuda	V	74

estragão: yorkshire pudding gigante V 114

F

feijão-branco
ensopado de frango reconfortante		88
ensopado de peixes e frutos do mar		176
filé com presunto cru e parmesão		210
macarrão com mariscos e feijão-branco		34
porco desfiado com feijão-branco		252
sanduíches rápidos de pão-folha: atum e feijão-branco		150
shakshuka com cogumelos	✳	120

feijão-manteiga
frango assado com alecrim		94

feijão-preto
chili de batata-doce	V	238
saborosos tacos de peixe		184
shakshuka com berinjela	V	122

feijão-rajado (borlotti)
almôndegas meio a meio		196
macarrão com feijão e pancetta defumada		30
sopa de abóbora suntuosa	V	52

feijão-roxo: arroz rosado reconfortante V 60

filé
filé com missô	✳	234
filé com molho de amendoim		212
filé com presunto cru e parmesão		210

focaccia
almôndegas meio a meio		196
atum com molho defumado de pimenta		190
frango à moda caesar		102

folhado de chocolate V 268

framboesa: cheesecake de limão-siciliano V 266

frango
ensopado de frango reconfortante		88
frango à moda caesar		102
frango assado agridoce	✳	86
frango assado ao mel		96
frango assado com alecrim		94
frango assado com missô		100
frango assado com páprica		98
frango assado festivo		110
frango cajun	✳	80
frango com capim-limão		104
frango com cúrcuma	✳	108
frango com harissa		106
frango suculento com tahine		90
hambúrguer de frango apimentado		142
sopa de frango poché		84
torta de frango e cogumelos	✳	82

fritada de macarrão V 130

fudge: bolo com fudge e tâmaras V 264

funcho
barriga de porco assada		218
costelinha de porco com mel e limão-siciliano		222
ensopado de peixes e frutos do mar		176
quesadilla rápida	V	152
shakshuka com sardinha e funcho		126

G

geleia
bolo de chocolate branco	V	286
folhado de chocolate	V	268
torta da Petal	V	262

geleia de cebola: assado de tira — 204

geleia de pimenta
filé com molho de amendoim		212
panqueca de camarão		174

gengibre
bolo de pera e gengibre	V	274
filé com molho de amendoim		212
frango assado agridoce	✳	86
frango com capim-limão		104
macarrão com camarões ao molho teriyaki		162
macarrão com cogumelo e tofu	V	64
pato assado com mexerica		226
rocambole de cenoura	V	284

grão-de-bico
cordeiro com tapenade de pistache		228
ensopado de abóbora e grão-de-bico	V	254
kafta de cordeiro e grão-de-bico		206
macarrão com abóbora e grão-de-bico	V	36
papilote de salmão: pimentão e grão-de-bico		173
shakshuka com grão-de-bico	V	128

grãos
hambúrguer vegetariano recheado	V	138
salada de brócolis e atum		164
salada de inverno	V	62
salmão com crosta de gergelim		192

H

Halloumi: torta de berinjela	V	66
hambúrguer		
hambúrguer de batata apimentada	V	118
hambúrguer de berinjela à parmegiana	V	144
hambúrguer de frango apimentado		112
hambúrguer de milho	V	140
hambúrguer de peixe crocante		146
hambúrguer recheado		136
hambúrguer vegetariano recheado	V	138
harissa		
ensopado de lentilha picante	V	246
frango com harissa		106
ovos com harissa e lentilha	V	248
salmão com crosta de gergelim		192
shakshuka verde	V	124
hortelã		
cordeiro assado com especiarias		202
cordeiro com tapenade de pistache		228
cozido fácil de cordeiro		224
fritada de macarrão	V	130
kafta de cordeiro e grão-de-bico		206
salada de cebola roxa	V	50
salmão com crosta de gergelim		192
shakshuka verde	V	124
stracci à primavera	V	18

I

iogurte		
almôndegas gigantes ao curry	*	232
bolinhos de peixe fantásticos		160
bolo de laranja com mel	V	272
frango à moda caesar		102
frango cajun	*	80
frango com cúrcuma	*	108
frango suculento com tahine		90
pão de cogumelos gigante	V	56
salada de brócolis e atum		164
shakshuka com grão-de-bico	V	128
sorvete de iogurte	V	288

J

jalapeño		
hambúrguer de frango apimentado		142
nachos com chili de batata-doce	V	240
quesadilla com chili de batata-doce	V	240
quesadilla rápida	V	152
saborosos tacos de peixe		184

K

kafta: kafta de cordeiro e grão-de-bico		206
kedgeree: kedgeree de camarão e ervilha		188
kimchi: sopa picante do Jamie		230

L

laksa: laksa de mariscos defumados		168
laranja		
bolo de laranja com mel	V	272
folhado de chocolate	V	268
frango assado ao mel		96
pão doce com glacê	V	280
peixe com molho cubano		186
salmão com crosta de gergelim		192
leguminosas		
almôndegas meio a meio		196
arroz rosado reconfortante	V	60
chili de batata-doce	V	238
ensopado de frango		88
ensopado de peixes e frutos do mar		176
filé com presunto cru e parmesão		210
frango assado com alecrim		94
macarrão com feijão e pancetta defumada		30
macarrão com mariscos e feijão-branco		34
porco desfiado com feijão-branco		252
saborosos tacos de peixe		184
sanduíches rápidos de pão-folha: atum e feijão-branco		150
shakshuka com berinjela	V	122
shakshuka com cogumelos	*	120
sopa de abóbora suntuosa	V	52
ver também edamame		
leite de coco		
ensopado de lentilha picante	V	246
laksa de mariscos defumados		168
sopa pedaçuda	V	74
lentilha		
almôndegas gigantes ao curry	*	232
ensopado de lentilha picante	V	246
espetinhos de linguiça		200
hambúrguer recheado		136
molho à bolonhesa meio a meio		242
ovos com harissa e lentilha	V	248
porco com salame		214
sopa de lentilha com *paneer*	V	248
limão		
ensopado de peixe		156
filé com missô	*	234
frango assado com missô		100
frango com capim-limão		104
laksa de mariscos defumados		168
pão de cogumelos gigante	V	56
rocambole de cenoura	V	284
saborosos tacos de peixe		184
sorvete de iogurte	V	288
limão-siciliano		
almôndegas meio a meio		196
arroz frito com camarão		178
bolinhos de peixe fantásticos		160
canela de cordeiro glaceada	*	198
cheesecake de limão-siciliano	V	266

ÍNDICE REMISSIVO 303

cordeiro com tapenade de pistache — 228
costelinha de porco com mel e limão-siciliano — 222
frango à moda caesar — 102
frango com cúrcuma — ✳ 108
frango suculento com tahine — 90
hambúrguer de peixe crocante — 146
kafta de cordeiro e grão-de-bico — 206
kedgeree de camarão e ervilha — 188
macarrão com brócolis e anchova — 32
macarrão com salmão defumado — 12
pão doce com glacê — V 280
papilote de salmão: espinafre e nhoque — 172
peixe com molho cubano — 186
salada de brócolis e atum — 164
salada de cogumelos assados — V 46
salmão ao pesto crocante — 182
shakshuka com sardinha e funcho — 126
tagliatelle com atum e milho — 38
talharim com camarão — 28
torta da Petal — V 262
torta de frigideira de salmão e camarão — 166
torta de salmão invertida — 158

linguiça
abóbora e grão-de-bico à espanhola — 256
espetinhos de linguiça — 200
macarrão de Natal — 40
ovos fritos com molho de pimenta — ✳ 132
papilote de salmão: pimentão e grão-de-bico — 173
pappardelle com linguiça — 20
shakshuka com cogumelos — ✳ 120

linguiça-calabresa
abóbora e grão-de-bico à espanhola — 256
papilote de salmão: pimentão e grão-de-bico — 173
shakshuka com cogumelos — ✳ 120

louro, folhas de
arroz rosado reconfortante — V 60
frango assado com páprica — 98

M

maçã
pão de maçã caramelado — V 290
porco de cozimento lento desfiado — 250
quesadilla rápida — V 152
salada de inverno — V 62
torta de maçã — V 282
tortilha de legumes — V 116

macarrão
canelone de berinjela e espinafre — V 48
carbonara com cogumelos — ✳ 16
filé com missô — ✳ 234
filé com molho de amendoim — 212
frango com capim-limão — 104
fritada de macarrão — V 130
laksa de mariscos defumados — 168
macarrão à bolonhesa de forno — 244
macarrão apimentado com vinagre balsâmico — V 14

macarrão assado do Buddy — V 54
macarrão com abóbora e grão-de-bico — V 36
macarrão com brócolis e anchova — 32
macarrão com camarões ao molho teriyaki — 162
macarrão com cogumelo e tofu — V 64
macarrão com feijão e pancetta defumada — 30
macarrão com mariscos e feijão-branco — 34
macarrão com pesto de pimentão — V 26
macarrão com porco desfiado — 252
macarrão com salmão defumado — 12
macarrão de Natal — 40
pappardelle à bolonhesa — 244
pappardelle com linguiça — 20
pato assado com mexerica — 226
sopa de frango poché — 84
stracci à primavera — V 18
tagliatelle com atum e milho — 38
tagliatelle com cogumelos e alho — V 24
talharim com camarão — 28

maionese
bolinhos de peixe fantásticos — 160
hambúrguer de peixe crocante — 146

manga: sorvete de iogurte — V 288

manjericão
atum com molho defumado de pimenta — 190
hambúrguer de berinjela à parmegiana — V 144
macarrão apimentado com vinagre balsâmico — V 14
sanduíches rápidos de pão-folha: ricota e pimentão — V 151
talharim com camarão — 28

manjerona
papilote de salmão: espinafre e nhoque — 172

manteiga de amendoim
bolo de chocolate branco — V 286

marinada jerk
porco com pancetta defumada — 216

mariscos
ensopado de peixes e frutos do mar — 176
laksa de mariscos defumados — 168
macarrão com mariscos e feijão-branco — 34

Marmite: hambúrguer vegetariano recheado — V 138

massa de lasanha
carbonara com cogumelos — ✳ 16
macarrão apimentado com vinagre balsâmico — V 14
macarrão com abóbora e grão-de-bico — V 36
macarrão com brócolis e anchova — 32
macarrão com feijão e pancetta defumada — 30
macarrão com mariscos e feijão-branco — 34
macarrão com pesto de pimentão — V 26
macarrão com salmão defumado — 12
macarrão de Natal — 40
pappardelle à bolonhesa — 244
pappardelle com linguiça — 20
stracci à primavera — V 18
tagliatelle com atum e milho — 38
tagliatelle com cogumelos e alho — V 24
talharim com camarão — 28

massa filo

    torta de frigideira de salmão e camarão — 166

    torta de maçã — V — 282

massa folhada: torta de frango e cogumelos — ✳ — 82

mel

    bolo de laranja com mel — V — 272

    canela de cordeiro glaçeada — ✳ — 198

    costelinha de porco com mel e limão-siciliano — 222

    frango assado ao mel — 96

    frango assado com páprica — 98

    frango assado festivo — 110

    salada de cenoura assada — V — 68

    torta de berinjela — V — 66

    torta de maçã — V — 282

mexerica

    bolo de chocolate com fruta — V — 260

    pato assado com mexerica — 226

    salada de cenoura assada — V — 68

milho

    hambúrguer de milho — V — 140

    tagliatelle com atum e milho — 38

missô

    filé com missô — ✳ — 234

    frango assado com missô — 100

molho à bolonhesa — 242-4

    macarrão à bolonhesa de forno — 244

    molho à bolonhesa meio a meio — 242

    pappardelle à bolonhesa — 244

    sanduíche de carne moída — 244

    torta madalena — 244

molho de pimenta

    bolinhos de tomate — V — 76

    kafta de cordeiro e grão-de-bico — 206

    ovos fritos com molho de pimenta — ✳ — 132

molho de pimenta chinês

    macarrão com camarões ao molho teriyaki — 162

    macarrão com cogumelo e tofu — V — 64

    pato assado com mexerica — 226

    sopa picante do Jamie — 230

molho Hoisin

    arroz frito com porco desfiado — 252

    macarrão com cogumelo e tofu — V — 64

    pato assado com mexerica — 226

molho tártaro: torta de salmão invertida — 158

molho teriyaki

    frango com capim-limão — 104

    macarrão com camarões ao molho teriyaki — 162

morango

    bolo em camadas — V — 278

    pão doce com glacê — V — 280

mostarda

    bolinhos de peixe fantásticos — 160

    espetinhos de linguiça — 200

    hambúrguer vegetariano recheado — V — 138

    salada de inverno — V — 62

    sanduíche de porco desfiado — 252

    sanduíches rápidos de pão-folha: presunto e queijo — 149

    sopa de frango poché — 84

    torta de frango e cogumelos — ✳ — 82

mozarela

    canelone de berinjela e espinafre — V — 48

    fritada de macarrão — V — 130

    hambúrguer de berinjela à parmegiana — V — 144

    macarrão à bolonhesa de forno — 244

    torrada com abóbora e grão-de-bico — V — 256

N

nachos: nachos com chili de batata-doce — V — 240

nhoque

    ensopado de peixe — 156

    nhoque ao molho de tomate — V — 44

    papilote de salmão: espinafre e nhoque — 172

nhoque de abóbora: ensopado de peixe — 156

nhoque de batata

    nhoque ao molho de tomate — V — 44

    papilote de salmão: espinafre e nhoque — 172

ninho crocante de batata — V — 70

nozes

    assado de tira — 204

    salada de cogumelos assados — V — 46

    salada de inverno — V — 62

    tagliatelle com cogumelos e alho — V — 24

noz-moscada

    macarrão de Natal — 40

    porco de cozimento lento desfiado — 25

O

orégano

    bolinhos de tomate — V — 76

    costelinha de porco com mel e limão-siciliano — 222

    frango assado ao mel — 96

    macarrão com pesto de pimentão — V — 26

    papilote de salmão: espinafre e nhoque — 172

    peixe com molho cubano — 186

    torta de berinjela — V — 66

ovos

    arroz frito com camarão — 178

    arroz frito com porco desfiado — 252

    bolinhos de tomate — V — 76

    bolo com fudge e tâmaras — V — 264

    bolo de chocolate branco — V — 286

    bolo de chocolate com fruta — V — 260

    bolo de laranja com mel — V — 272

    bolo de pera e gengibre — V — 274

    carbonara com cogumelos — ✳ — 16

    cheesecake de limão-siciliano — V — 266

    fritada de macarrão — V — 130

    hambúrguer de batata apimentada — V — 118

    hambúrguer de milho — V — 140

    hambúrguer vegetariano recheado — V — 138

    kedgeree de camarão e ervilha — 188

ÍNDICE REMISSIVO 305

ovos com harissa e lentilha	V	248
ovos fritos com molho de pimenta	✳	132
panqueca de camarão		174
pão doce com glacê	V	280
porco beneditino		252
rocambole de cenoura	V	284
shakshuka com berinjela	V	122
shakshuka com cogumelos	✳	120
shakshuka com grão-de-bico		128
shakshuka com sardinha e funcho		126
shakshuka verde	V	124
sopa picante do Jamie		230
torta da Petal	V	262
torta de maçã	V	282
tortilha de legumes	V	116
yorkshire pudding gigante	V	114

P

pancetta

macarrão com feijão e pancetta defumada		30
molho à bolonhesa meio a meio		242
porco com pancetta defumada		216

paneer: sopa de lentilha com *paneer*	V	248
panqueca: panqueca de camarão		174

pão

cordeiro assado com especiarias		202
frango assado festivo		110
hambúrguer de batata apimentada	V	118
kafta de cordeiro e grão-de-bico		206
ovos fritos com molho de pimenta	✳	132
salada de cenoura assada	V	68
sopa de abóbora suntuosa	V	52
sopa de lentilha com *paneer*	V	248
sopa pedaçuda	V	74
torrada com abóbora e grão-de-bico	V	256
torta de berinjela	V	66
ver também pão doce; focaccia; pão de alho; pão-folha		

pão de alho

macarrão assado do Buddy	V	54

pão de cogumelos gigante	V	56
pão de maçã caramelado	V	290

pão doce

pão doce com glacê	V	280
pão de maçã caramelado	V	290

pão-folha 148-51

sanduíches rápidos de pão-folha: atum e feijão-branco		150
sanduíches rápidos de pão-folha: presunto e queijo		149
sanduíches rápidos de pão-folha: ricota e pimentão	V	151

papilote de salmão 170-3

beterraba e batata		171
espinafre e nhoque		172
pimentão e grão-de-bico		173

pappardelle

pappardelle à bolonhesa		244
pappardelle com linguiça		20

páprica

frango assado com páprica		98
torta de frigideira de salmão e camarão		166

parmesão

almôndegas meio a meio		196
barriga de porco assada		218
canelone de berinjela e espinafre	V	48
carbonara com cogumelos	✳	16
filé com presunto cru e parmesão		210
frango à moda caesar		102
fritada de macarrão	V	130
hambúrguer de berinjela à parmegiana	V	144
macarrão apimentado com vinagre balsâmico	V	14
macarrão com brócolis e anchova		32
macarrão com feijão e pancetta defumada		30
macarrão com pesto de pimentão	V	26
macarrão com salmão defumado		12
macarrão de Natal		40
nhoque ao molho de tomate	V	44
sopa de abóbora suntuosa	V	52
stracci à primavera	V	18
tagliatelle com atum e milho		38
tagliatelle com cogumelos e alho	V	24
talharim com camarão		28

passata de tomate

almôndegas meio a meio		196
ensopado de lentilha picante	V	246
macarrão apimentado com vinagre balsâmico	V	14
pappardelle com linguiça		20

pasta de curry katsu: bolinhos de peixe fantásticos		160
pasta de pimenta chipotle: chili de batata-doce	V	238
pato: pato assado com mexerica		226

peixe

ensopado de peixe		156
ensopado de peixes e frutos do mar		176
hambúrguer de peixe crocante		146
laksa de mariscos defumados		168
peixe branco com lentilha		248
peixe com molho cubano		186
saborosos tacos de peixe		184
ver também anchova; camarão; salmão; sardinha		

pepino: hambúrguer de frango apimentado		142

pera

bolo de pera e gengibre	V	274
salada de cogumelos assados	V	46

pêssego: arroz-doce assado com cereja	V	276

pesto

macarrão com pesto de pimentão	V	26
nhoque ao molho de tomate	V	44
ovos fritos com molho de pimenta	✳	132
salmão ao pesto crocante		182
torrada com abóbora e grão-de-bico	V	256

picles

cordeiro assado com especiarias		202
hambúrguer recheado		136
hambúrguer vegetariano recheado	V	138

pimenta

almôndegas gigantes ao curry	✳	232
arroz frito com camarão		178
atum como molho defumado de pimenta		190
chili de batata-doce	V	238
ensopado de peixes e frutos do mar		176
filé com missô	✳	234
frango assado com páprica		98
hambúrguer de milho	V	140
macarrão apimentado com vinagre balsâmico	V	14
macarrão assado do Buddy	V	54
macarrão com abóbora e grão-de-bico	V	36
macarrão com brócolis e anchova		32
macarrão com porco desfiado		252
salada de brócolis e atum		164
sanduíches rápidos de pão-folha: atum e feijão-branco		150
shakshuka com berinjela	V	122
sopa de lentilha com *paneer*	V	248
tagliatelle com atum e milho		38
ver também jalapeño; pimentão		

pimentão

arroz rosado reconfortante	V	60
canela de cordeiro glaceada	✳	198
ensopado de abóbora e grão-de-bico	V	254
frango assado agridoce	✳	86
frango cajun	✳	80
peixe com molho cubano		186
tortilha de legumes	V	116

pimentão em conserva

atum com molho defumado de pimenta		190
espetinhos de linguiça		200
hambúrguer recheado		136
macarrão apimentado com vinagre balsâmico	V	14
macarrão com pesto de pimentão	V	26
papilote de salmão: pimentão e grão-de-bico		173
sanduíches rápidos de pão-folha: ricota e pimentão	V	151

pinole: canelone de berinjela e espinafre V 48

pistache

cordeiro com tapenade de pistache		228
frango assado ao mel		96
frango com harissa		106

pizza: pizza de porco desfiado 252

porco

almôndegas meio a meio		196
barriga de porco assada		218
costelinha de porco com mel e limão-siciliano		222
molho à bolonhesa meio a meio		242
pizza de porco desfiado		252
porco beneditino		252
porco com pancetta defumada		216
porco com salame		214
porco de cozimento lento desfiado		250-2
porco desfiado com feijão-branco		252
sopa picante do Jamie		230
ver também bacon; presunto; pancetta		

presunto: sanduíches rápidos de pão-folha: presunto e queijo 149
presunto cru: filé com presunto cru e parmesão 210

Q

| queijo azul: salada de cogumelos assados | V | 46 |

queijo cheddar (tipo inglês)

ensopado vegetariano e bolinhos	V	72
hambúrguer recheado		136
macarrão assado do Buddy	V	54
nachos com chili de batata-doce	V	240
papilote de salmão: espinafre e nhoque		172
sanduíche de lentilha	V	248
sanduíches rápidos de pão-folha: presunto e queijo		149

queijo cottage

ensopado vegetariano e bolinhos	V	72
hambúrguer de milho	V	140
macarrão com salmão defumado		12
salada de cenoura assada	V	68
shakshuka verde	V	124
tagliatelle com cogumelos e alho	V	24

queijo de cabra

| salada de inverno | V | 62 |
| shakshuka com berinjela | V | 122 |

queijo feta

almôndegas meio a meio		196
arroz rosado reconfortante	V	60
bolinhos de tomate	V	76
chili de batata-doce	V	238
cordeiro assado com especiarias		202
frango assado ao mel		96
kafta de cordeiro e grão-de-bico		206
molho à bolonhesa meio a meio		242
salada de cebola roxa	V	50
shakshuka com cogumelos	✳	120
stracci à primavera		18

queijo gouda: sanduíches rápidos de pão-folha: presunto e queijo 149
queijo pecorino: macarrão com mariscos e feijão-branco 34

queijo Red Leicester

hambúrguer vegetariano recheado	V	138
macarrão com abóbora e grão-de-bico	V	36
quesadilla rápida	V	152
sanduíches rápidos de pão-folha: atum e feijão-branco		150

queijo Stilton: frango assado com alecrim 94

quesadillas

| quesadilla com chili de batata-doce | V | 240 |
| quesadilla rápida | V | 152 |

R

rabanete

| quesadilla rápida | V | 152 |
| salada de cogumelos assados | V | 46 |

raiz-forte

| assado de tira | | 204 |
| ninho crocante de batata | V | 70 |

ras el hanout: shakshuka com berinjela V 122

ÍNDICE REMISSIVO **307**

repolho

porco com pancetta defumada		216
salada de inverno	V	62

repolho roxo: quesadilla rápida · V · 152

ricota

almôndegas meio a meio		196
sanduíches rápidos de pão-folha: ricota e pimentão	V	151
torta de maçã	V	282

risoto: barriga de porco assada · 218

rocambole de cenoura · V · 284

romã: frango com cúrcuma · ✳ · 108

rúcula

frango cajun	✳	80
salada de brócolis e atum		164
salada de cenoura assada	V	68
salmão ao pesto crocante		182
sanduíche de porco desfiado		252
tagliatelle com cogumelos e alho	V	24

rum: porco com pancetta defumada · 216

S

saborosos tacos de peixe · 184

salada

bolinhos de tomate	V	76
frango à moda caesar		102
kafta de cordeiro e grão-de-bico		206
ninho crocante de batata	V	70
quesadilla rápida	V	152
salada com chili de batata-doce	V	240
salada de brócolis e atum		164
salada de cebola roxa	V	50
salada de cenoura assada	V	68
salada de cogumelos assados	V	46
salada de inverno	V	62

salame: porco com salame · 214

salmão

bolinhos de peixe fantásticos		160
ensopado de peixes e frutos do mar		176
macarrão com salmão defumado		12
papilote de salmão		170-3
salmão ao pesto crocante		182
salmão com crosta de gergelim		192
torta de frigideira de salmão e camarão		166
torta de salmão invertida		158

salsão

assado de tira		204
salada de inverno	V	62

salsinha

abóbora e grão-de-bico à espanhola		256
bolinhos de tomate	V	76
canela de cordeiro glaceada	✳	198
coxão-mole assado		220
frango suculento com tahine		90
macarrão com mariscos e feijão-branco		34
papilote de salmão: pimentão e grão-de-bico		173
pappardelle com linguiça		20

salada de cenoura assada	V	68
shakshuka com cogumelos	✳	120
tagliatelle com atum e milho		38
tortilha de legumes	V	116

sálvia

barriga de porco assada		218
frango assado festivo		110
macarrão com feijão e pancetta defumada		30
macarrão de Natal		40
porco com salame		214
porco de cozimento lento desfiado		250

sanduíche de carne moída · 244

sanduíche de lentilha · 248

sanduíche de porco desfiado · 252

sanduíches rápidos de pão-folha · 148-51

atum e feijão-branco		150
presunto e queijo		149
ricota e pimentão	V	151

sardinha: shakshuka com sardinha e funcho · 126

scones: bolo em camadas · V · 278

sementes de erva-doce

ensopado de frango reconfortante		88
pappardelle com linguiça		20

sementes de gergelim

frango assado com missô		100
macarrão com camarões ao molho teriyaki		162
panqueca de camarão		174
salmão com crosta de gergelim		192

shakshukas

shakshuka com berinjela	V	122
shakshuka com cogumelos	✳	120
shakshuka com grão-de-bico	V	128
shakshuka com sardinha e funcho		126
shakshuka verde	V	124

shoyu

frango assado com missô		100
panqueca de camarão		174

sidra: frango assado com alecrim · 94

sopas

sopa de abóbora suntuosa	V	52
sopa de chili de batata-doce e avocado	V	240
sopa de frango poché		84
sopa de lentilha com *paneer*	V	248
sopa pedaçuda	V	74
sopa picante do Jamie		230

sorvete de iogurte · V · 288

sour cream

hambúrguer de frango apimentado		142
stracci à primavera	V	18

sumagre: salada de cebola roxa · V · 50

suspiro: torta da Petal · V · 262

T

tacos: saborosos tacos de peixe · 184

tagliatelle

macarrão com mariscos e feijão-branco		34

tagliatelle com atum e milho		38
tagliatelle com cogumelos e alho	V	24
tahine: frango suculento com tahine		90
tâmaras medjool: bolo com fudge e tâmaras	V	264
tapenade		
cordeiro com tapenade de pistache		228
ensopado de abóbora e grao-de-bico	V	254
tortilha de legumes	V	116
tempero cinco especiarias chinesas		
frango assado agridoce	✳	86
panqueca de camarão		174
tofu		
ensopado vegetariano e bolinhos	V	72
macarrão com cogumelo e tofu	V	64
tomate		
bolinhos de tomate	V	76
canelone de berinjela e espinafre	V	48
chili de batata-doce	V	238
cordeiro com tapenade de pistache		228
coxão-mole assado		220
ensopado de abóbora e grão-de-bico	V	254
ensopado de frango reconfortante		88
ensopado de lentilha picante	V	246
ensopado de peixe		156
ensopado de peixes e frutos do mar		176
frango assado ao mel		96
frango com harissa		106
hambúrguer de batata apimentada	V	118
macarrão com feijão e pancetta defumada		30
macarrão com mariscos e feijão-branco		34
molho à bolonhesa meio a meio		242
nhoque ao molho de tomate	V	44
ninho crocante de batata	V	70
porco com salame		214
saborosos tacos de peixe		184
sanduíches rápidos de pão-folha: presunto e queijo		149
shakshuka com cogumelos	✳	120
shakshuka com sardinha e funcho		126
torta de frigideira de salmão e camarão		166
torta de salmão invertida		158
ver também passata de tomate		
tomate seco: hambúrguer de berinjela à parmegiana	V	144
tomilho		
ensopado de frango reconfortante		88
ninho crocante de batata	V	70
porco com pancetta defumada		216
tagliatelle com cogumelos e alho	V	24
torrada		
ovos fritos com molho de pimenta	✳	132
torrada com abóbora e grão-de-bico	V	256
tortas		
torta de berinjela	V	66
torta de frango e cogumelos	✳	82
torta de frigideira de salmão e camarão		166
torta de maçã	V	282
torta de salmão invertida		158
torta madalena		244

tortilha		
kafta de cordeiro e grão-de-bico		206
quesadilla com chili de batata-doce	V	240
quesadilla rápida	V	152
saborosos tacos de peixe		184
tortilha de legumes	V	116
wrap com chili de batata-doce	V	240

U

uísque: bolo com fudge e tâmaras	V	264
uva		
salada de inverno	V	62
yorkshire pudding gigante	V	114

V

vegetais orientais		
arroz frito com camarão		178
filé com molho de amendoim		212
frango com capim-limão		104
panqueca de camarão		174
sopa picante do Jamie		230
vinho		
barriga de porco assada		218
ensopado de frango reconfortante		88
ensopado de peixes e frutos do mar		176
pappardelle com linguiça		20

W

wrap: wrap com chili de batata-doce	V	240

X

xarope de flor de sabugueiro: bolo em camadas	V	278

Y

yorkshire pudding gigante	V	114

Para uma lista de referência rápida com todas as receitas veganas, sem laticínios e sem glúten deste livro, acesse:

jamieoliver.com/veg/reference (em inglês)

LIVROS DE JAMIE OLIVER

1   O chef sem mistérios *2005*
2   O retorno do chef sem mistérios *2006*
3   Jamie em casa *2008*
4   Revolução na cozinha *2009*
5   A América de Jamie Oliver *2010*
6   Jamie viaja *2011*
7   30 minutos e pronto *2012*
8   15 minutos e pronto *2013*
9   Economize com jamie *2014*
10 Comida caseira *2015*
11 Comida saudável *2016*
12 5 ingredientes *2017*
13 Veg *2021*

QUER MAIS?

Para conselhos nutricionais, vídeos, dicas e truques sobre culinária, receitas incríveis e muito mais, confira

JAMIEOLIVER.COM   #JAMIESONEPANWONDERS

Copyright © 2022 by Jamie Oliver
jamieoliver.com
Copyright das imagens © David Loftus, 2022; © Richard Clatworthy, 2022;
© Paul Stuart, 2022 (Veja referências das páginas abaixo.)
© 2007 P22 Underground Pro Demi. All Rights Reserved, P22 Type Foundry, Inc.
Originalmente publicado na Inglaterra em 2022 como *ONE* por Michael Joseph.
Michael Joseph é parte do grupo Penguin Random House

O direito moral dos autores está reservado.

Companhia de Mesa é um selo da Editora Schwarcz S.A.

Grafia atualizada segundo o Acordo Ortográfico da Língua Portuguesa de 1990, que entrou em vigor no Brasil em 2009.

TÍTULO ORIGINAL *One: Simple One-Pan Wonders*
DESIGN DE CAPA E PROJETO GRÁFICO Jamie Oliver Limited
IMAGENS
David Loftus: pp. 12-4, 18-30, 34-6, 48, 74-6, 82, 108, 120-8, 138, 153-7, 161-76, 184, 188, 198, 228, 234, 262-74, 280, 286, 290
Richard Clatworthy: pp. 16, 32, 38-46, 50-72, 80, 84-106, 110-8, 130-2, 140-51, 158-60, 178-82, 186, 190-6, 200-26, 230-2, 238-60, 276-8, 282-4, 288
Retratos
Paul Stuart
PREPARAÇÃO Milena Varallo
ÍNDICE REMISSIVO Maria Claudia Carvalho Mattos
REVISÃO Angela das Neves e Clara Diament

Dados Internacionais de Catalogação na Publicação (CIP)
(Câmara Brasileira do Livro, SP, Brasil)

Oliver, Jamie
  Uma — Receitas simples em uma panela só / Jamie Oliver ; tradução Lígia Azevedo. — 1ª ed. — São Paulo : Companhia de Mesa, 2023.

  Título original : One : Simple One-Pan Wonders
  ISBN 978-65-86384-17-8

  1. Culinária rápida e fácil 2. Refeições I. Título.

22-139819   CDD-641.555

Índice para catálogo sistemático:
1. Culinária rápida e fácil : Economia doméstica   641.555
Inajara Pires de Souza – Bibliotecária – CRB PR-001652/O

Todos os direitos desta edição reservados à
EDITORA SCHWARCZ S.A.
Rua Bandeira Paulista, 702, cj. 32
04532-002 — São Paulo — SP
Telefone: (11) 3707-3500
www.companhiadasletras.com.br
instagram.com/companhiademesa

Esta obra foi composta por Vanessa Lima em Gill Sans Nova e impressa em ofsete pela Geográfica sobre papel Couché Design Matte da Suzano S.A. para a Editora Schwarcz em março de 2023

A marca FSC® é a garantia de que a madeira utilizada na fabricação do papel deste livro provém de florestas que foram gerenciadas de maneira ambientalmente correta, socialmente justa e economicamente viável, além de outras fontes de origem controlada.